アンラーンのすすめ

深見太一 著

東洋館出版社

まえがき

「教育受難の時代」

教育受難の時代と言われています。Twitter などのＳＮＳを見るといろんなところから悲鳴の声が聞こえてきます。部活動問題、コロナ対応、労働時間、給得法などなど数え上げたらキリがないですが、いろんな問題が巻き起こっています。正直、この国の教育システムが制度疲労を起こしているのではないかと思いますが、システムが変わるのには時間がかかります。もちろん声をあげていくこともとても大切ですが、この本はそういう主旨ではありません。

では、どういう本なのか。一つはアンラーンのすすめです。アンラーンとは学びを否定することではなく、これまでに学んだ知識や身につけた技術をふりかえり、さらなる学びや成長につながる形に整理するプロセスです。経験の浅い先生方は、学生時代に身につけたものを再構築し、中堅以上の方は、これまで身につけた思考のクセを一度リセットしてみてください。

もう一つは、変えていけるところから変えていこうという話です。

アメリカの成功哲学「7つの習慣」では「インサイドアウト」という考え方があります。世の中を変えていきたいのであれば、まずは自分から変えていこうという話です。日本の教育システムが悪い、教育委員会が悪い、学校が悪い。そう訴えたところで何も変わりません。だったらまず、自分の目の前のことから手をつけていく方が手っ取り早いです。

目の前の子どもたちと一緒に自分を変えていくことで、まずはクラスと共に成長すること。それをこの本では伝えていきたいです。とはいう私も、教師になって数年間、子どもたちはまったく話を聞いてくれることはなく、保護者からの信頼もまるでありませんでした。教師になって2年目の春、授業参観が終わった後、保護者が集まってひそひそ話をしていたことがあります。なんの話をしているのだろうと気にはなっていましたが、入っていくわけにもいかず、こっそりと職員室に引き上げました。するとPTAの役員をしてくれていた自分のクラスの保護者がこっそり手招きをして、廊下に自分のことを呼びました。なんだろうと思って、廊下に出てみると「先生、私だけは先生の味方ですから！」と言ってとびきりの笑顔で教えてくれました。その場は「ありがとうございます」と言って切り上げましたが、よくよく考えてみると、「私だけは」ってことは……と青ざめたのをよく覚えています。それから三日三晩本当に寝られませんでした。そんな私がどうやってなんとかここまでやってこられたのか。それを書いていきます。

現在15年間の小学校担任を卒業し、大学で非常勤講師をしながら、学校や企業で研修講師をしたり、オンラインでカウンセリングを行っています。日本中の先生や大人が笑顔で過ごせる未来のために残りの人生を歩んでいきます。

もくじ

第2章

まず目の前のことからアンラーンする――43

第3章

序章

教育現場から見えてきたもの

臨死体験

いつから先生になりたいと思っていたのかあまりはっきりとは覚えていません。覚えているのは、高校3年生の進路相談の際、遅刻の多さや赤点ばかりとっていたので、「あなたに行ける大学はありません」と当時の担任に伝えられたことです。そこから、スイッチが入り、なんとか受験を乗り越えて私立文系の大学に入りました。大学時代はラクロスに4年間打ち込み、みんなと同じように就職しました。UFJリースという、銀行系のリース会社で3年法人営業を担当。毎月1億円のノルマと戦っていました。けれども、やはり自分にしかできない仕事がしたいと思い、そこから玉川大学通信教育学部に入り、教員免許を取得。常勤講師として晴れて担任生活が始まりました。サラリーマンからの転職ということで、自分のなかでは意気揚々と現場に出てみるも、まったく通用しませんでした。授業もうまくいかないし、子どもや保護者ともまったく関係は築けませんでした。授業も、指導書を見ながらなんとかやりくり。子どもの心の動きや、保護者からどう見られているのかなんていうものはほとんど頭にありませんでした。

サッカーが好きだったので、休み時間に運動場で子どもと遊んでいるときだけが唯一、子どもから慕われていることを感じる時間でした。学級経営ってなんだろうとか、授業がうまいってどういうことって悩み始めました。いろいろな本を読み、講座に行くようになり、そこで学んだ技術や考え方をそのまま使わせてもらい（その瞬間だけはうまくいくことが多かったです）、何が自分とちがうのかを必死に考えていました。

毎日手探りで、けれども必死にもがいていましたが、やはりうまくいかないことの方が多く、転職は失敗だったかもと悩んだこともありました。なんとか担任1年目を終えるころ、脳幹脳炎という大病を患い、3月の1ヶ月間をまるっと療養休暇で休みました。それだけでなく、入院して1週間は意識不明でした。今思えば、毎日多大なストレスを抱え、それをどう発散していいかもわからず、相談する相手もいない。そんな中で身体が蝕まれたのだと思います。脳幹脳炎は本当に大変な病気で、当時主治医から母親に対し「三分の一の確率で、言語障害や運動障害などの後遺症が残ります。三分の一は亡くなります。三分の一は普通の生活に戻れます」と告げられ、母親は死を覚悟したそうです。そんな経験から、私は自分が健康で生きていることが何よりも一番大切だと学びました。死んでしまったり、健康な体をなくしてしまったりしては、どんな理想を描いていても、実現するのは難しくなってしまうからです。ウェルビーイングやポジティブディシプリンの考え方に深く共鳴するのも、子どもたちにそんなことを伝えたいのも、一度臨死体験をしたからからこそです。授業がうまくなるとか、テストの点がよくなることよりも大切なことがあると、深く信じることができるからこそ、この本を通じてたくさんの人生を豊かにする方法を伝えたいと思っているのです。

もちろん、学びの楽しさを伝えることも先生として大切なことです。けれども、私は子どもたちに明るい未来を築いてほしいのです。みんなが笑って暮らせる世の中であってほしいのです。そのために、まずは学校が変化をしていくこと、先生たちが笑顔で働ける職場になることが大切な条件であると考えました。授業のハウツー本。働き方の本はたくさん世の中に出ています。そういった本で学んだことを実践すると効果が出ます。子どもたちが面白い！　という授業も少しずつできるようになります。けれども根本的な考え方が変わらないとどこか苦しさを抱えたまま働くことになるのです。一生懸命やっているのに報われないとか、誰にも認めてもらえないといった感情をもったまま、子どもたちの前に立つと、その思いは必ず子どもたちに伝わります。だからこそアンラーンを取り入れ、先生が先生という仕事を目一杯楽しみながらやれているときに、子どもたちに言葉が伝わるのではないでしょうか。

同期 信田雄一郎の存在

私が教師になって最初に採用されたのは愛知県豊田市でした。初任者となったとき、計100名以上の同期がいました。私は、サラリーマンを3年、常勤講師を2年経験してから初任者になったので、大卒ストレートで教員になった同期たちとは少し年が離れていました。おもしろい先生がたくさんいて、1年間の初任者研修を通じて、いろんな面で仲良くなりました。その中に、信田雄一郎先生という若い先生がいました。坊主に近い髪型で、とてもとても熱いエネルギーに溢れる先生でした。それから2・3年はお互いにFacebookでつながっているだけで特に交流はなく、信田は部活動に力を入れて取り組んでいました。

数年が経ち、信田が学校を休んでいるという話を聞きました。心配しながらも、当時はそこまで深い関係でなかったので連絡するのもどうかなと迷いました。けれども、自分が逆の立場であったとき、連絡をもらえたらうれしいのではないかと感じ、思い切って連絡をしました。もし、電話に出るのもキツい状態なら、電話をスルーするだけだと思ったのです。電話をしてみると、元気のない声が聞こえてきました。後で他の同期から聞いた話によると、初任時代の校長がパワハラ気質で、相当ひどい扱いを受けたうえ、異動でいなくなったと思った次の年に、そのパワハラ校長がいる学校に信田自身が異動になったそうです。そこでひどい扱いを再び受け、身も心もぼろぼろになってしまったそうです。なんとかできないかなと考え、自分のお世話になっていた接骨院の先生に会わせてみたり、瞑想のセミナーに誘ってみたり、大阪にいる自分のメンターに会わせたりしました。当時の信田は顔も青白く、覇気がない状態で、大阪に行くのもかなりキツそうでしたが、結構強引に、なかば無理やり連れて行ったのです。なぜそこまでおせっかいをしたのかわかりません。けれども同期で苦しんでいる先生がいる。その先生をなんとかしたい。けれども自分にはその力がないから、誰かの力を借りよう。そう思って動いたのです。それが、良い方向に向くか悪い方向に向くかはわかりませんでした。そう言うとかなり無責任に聞こえるかもしれませんが、それでもなんとかしたい。なんとかエネルギーを元に戻してあげたいと必死だったのだと思います。

今でもたまに電話をしたり、ご飯に行ったりするのですが、自分の新たな生きる道を見つけて、自分の学びの場（Tao Haus）をもち、子どもたちのために動いている信田を見ていると、あのときの行動は間違っていたかもしれないが、想いは間違っていなかったなと感じています。つまり、やり方は他の方法があったかもしれないですが、結果的には今元気になり、子どもたちや周りの大人たちにいい影響を与えている姿をみると、あのとき必死に動いてよかったなと心から思います。それと同時に、先生たちが心をすり減らしたり、休んだりしなければいけない状態まで追い込んでしまう今の学校のシステム。いや社会のシステムそのものが非常によくないように働いていることも強く感じます。

次頁の図をみてください。とある中学校でテスト前に配られた詩です。我慢・根性・とにかくやるを全面に出しているこの詩を受け取った子どもたちは何を感じるでしょう。もちろんこれをもらってがんばろうと思える子が一定数いるかもしれません。けれども、努力できない自分はダメだとか、もっとがんばらないといけないと自分を責める子もいるでしょう。義務・我慢・犠牲（３G）からこれからはLOVE・THANKS・ENJOY（LTE）へと時代は変わってきたと作家の雲黒斎さんは言っています。

図1｜とある中学での配布資料

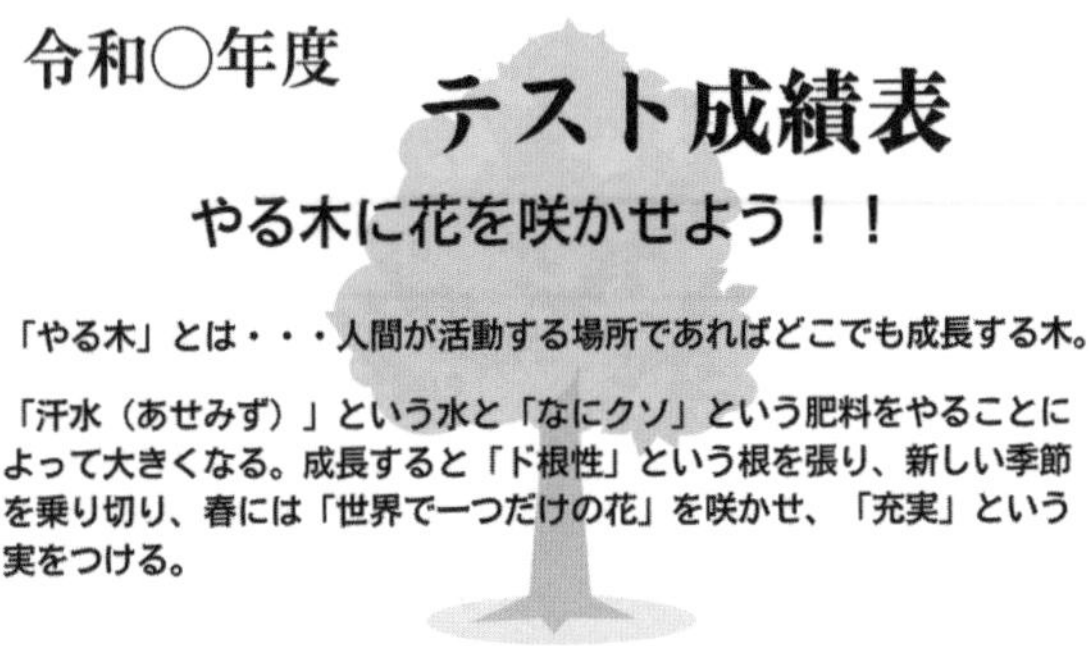
令和○年度
テスト成績表
やる木に花を咲かせよう！！

「やる木」とは・・・人間が活動する場所であればどこでも成長する木。

「汗水（あせみず）」という水と「なにクソ」という肥料をやることによって大きくなる。成長すると「ド根性」という根を張り、新しい季節を乗り切り、春には「世界で一つだけの花」を咲かせ、「充実」という実をつける。

義務や我慢は昭和や平成の価値観です。令和の時代には、愛・感謝・楽しむへと変わっています。時代が変われば、学校が提供するもの、先生の価値観も変わっていかないといけません。いつまでも、昔の価値観のまま教育をしていれば、それは子どもたちの苦しみを生みます。不登校の数が増加の一途を辿っていることからも、今のシステムが子どもたちにフィットしていないことをよく表しています。だからこそ、今までのやり方・考え方をアンラーンして、本当の大切なことだけを残していく。教師人生・思考法・働き方・子どもへの接し方、それぞれの方面から自己実現を可能にする成長の技術を紹介していきます。

第1章

教師ライフをアンラーンする

「well-being」を高める

（1）「well-being」とは何か

「well-being」という言葉を知っていますか？　人が幸せに生きていくうえで大切なことを研究している幸福学という学問があります。もともと幸せという言葉は「happy」という言葉が使われていました。けれども「happy」には、うれしい・楽しいといった一時的な感情も含まれていることから、短期的なスパンを表している言葉です。そうではなく長期的なスパンで、もっと味わい深い幸せを表す言葉として「well-being」という言葉が使われるようになりました。

（2）「well-being」を手に入れるには

それではどういう状態であれば、人は長期的な幸せ「well-being」を手に入れることができるのでしょうか。慶應義塾大学大学院の前野隆司教授によると、「①やってみよう因子」

「②ありがとう因子」「③なんとかなる因子」「④ありのままに因子」の4つの因子から構成されるそうです。

つまり、教室の中で、子どもたちがこの4つの因子を味わう瞬間がいかにあるかが実は大切であり、4つの因子を意識していろいろなものを構成することで幸せな子どもを育てることにつながるのです。ではどうすればいいのか、**それは先生が一番この4つを味わい、享受すること**なのではないでしょうか。少々無理かなと思うことでもまずは「やってみよう」と思えるチャレンジ精神。健康な身体、支えてくれている家族、同僚、上司に対しても常にありがとうという感謝の気持ちをもつこと。少々の失敗も多めにみたり、なんとかなると笑い飛ばせる心の広さ。自分を必要以上に飾ったり、よく見せようとしたりするのではなくありのままで十分素晴らしいと思える自己肯定感の高さ。その4つをまずは、目の前にいる教師がもつことで、必ず幸せは伝染していきます。

(3) こんな教師は嫌だ

中国に伯楽という馬を見分ける名人がいました。伯楽は駄馬の見分け方を伝えました。つまり、よい先生を考えるときには、こんな先生はダメだということから考えるとよいでしょう。

- いつも何かに不安になりビクビクしている
- 不平・不満が尽きることなく文句ばかり言っている
- 少しでもレールから外れることを恐れ指導書の通りにしか授業を進めない
- 自分を少しでもよく見せようとして、授業参観などでは異常に張り切る

こんな教師になっていませんか？　きっと担任されている子どもたちも息が詰まるし楽しくないでしょう。先生の仕事をしている本人も辛い時間を過ごしているにちがいありません。ではどうしたら「well-being」を高めることができるのでしょうか。

（4）「well-being」の高め方

①自分との小さな約束を守る（やってみよう因子）

小さな約束で構いません。朝起きる時間や寝る前のルーティーン、食べるものなど自分に課した約束を守ることから始めます。私は毎朝、朝ごはんを抜いて十六時間腸を休める

という「ナチュラルハイジーン」という健康法を1年ほど続けています。最初はお腹が空いて辛かったのですが、続けていくことでだんだん体が慣れてとても快適になりました。これもやってみようと思ったことを取り入れ、続けることで自分の中での幸福感が上がりました。たったこれだけのことですが、**自分との小さな約束を守ることで、小さな自信が育まれます。**

②当たり前に感謝する（ありがとう因子）

公立小学校から、開校予定の私立小学校に変わったとき、最初は子どもが集まらず苦労しました。公立のときには気づいていなかった、**子どもが学校に来るというのは実は当たり前ではない**ことに気がつきました。その状況を体感すると、毎日学校に子どもが登校してくれるだけで感謝が芽生えます。それ以外にも、奥さんと子どもが数日奥さんの実家に泊まりに行ったとき、家の中が静かすぎてとても寂しい気持ちになりました。いつもは賑やかすぎるぐらいの我が家で、「うるさいなあ」ぐらいに感じていたのですが、いざいなくなるとわいわいしていた賑やかさが、とても恋しくなります。家に奥さんと子どもがいてくれることは当たり前のことではないかもしれません。こういったように改めて見直して見ると、普段気がつかない当たり前に一つひとつ感謝の気持ちが湧いてきます。

③大抵のことはなんとかなる（なんとかなる因子）

人生で起こった一番のピンチを覚えていますか？　私は前述の通り一度死にかけました。けれども今ではピンピンとこうやって、三人の子宝に恵まれて仕事もできています。**どれだけのピンチでも、後からふりかえってみると大抵なんとかなっているのです。**「人生はクローズアップで見ると悲劇でも、ロングショットで見ると喜劇だ」。これは、チャールズ・チャップリンの言葉です。辛い状況の最中にいるときには気がつきませんが、後からふりかえってみると、大概のことはなんとかなっているのです。

④そのままで十分素晴らしい（ありのままに因子）

あなたはそのままで十分素晴らしい。そう言われてどう感じますか？　ほとんど人は「いやいやいや、そんなことないです」と否定したくなるのではないでしょうか。それはなぜですか？　授業が面白くないから。子どもたちから信頼されていないから。大した人間ではないから。では、同じ質問を担任している子にしたと仮定します。「私は大した人間じゃない」と答えたら、**きっとそんなことはないと全力で否定する**のではないでしょうか。子どもにはそんなことないよと言いながら、自分は大した人間じゃないと言う。**大きな矛盾が生じます。**何か成し遂げたから素晴らしい人間なのではないのです。自分はありのままで素晴らしいと心から感じられたときに、人生の歯車が動き始めるのです。

自己肯定感を高める

(1) 自己肯定感とは

自分のことをどれだけ肯定できているかということです。そもそも生まれてきたばかりの赤ちゃんは自分のことを百パーセント肯定しています。どうせ自分なんて人生が楽しくないとひねくれている赤ちゃんは見たことがありません。それではどこで、自己肯定感は下がっていくのでしょうか。それは**人と比べるようになってから**ではないでしょうか。たとえば、幼稚園の徒競走。自分より速い子もいれば、遅い子も当然います。足が速い、遅いというとらえ方ができればいいのですが、あの子は自分よりできるとか、あの子よりも自分の方が優れているとか感じてしまうのが子どもです。足の速い、遅いだけでも自己肯定感が下がる要因になりうるのです。そして小学校に入り、テストの点が明らかになります。これも勉強という、極めて限られた範囲、その中でも限定された単元の知識の結果でしかないはずですが、テストしか受けていない子どもにとってはそれがすべてのような感覚をもってしまうのです。もしかしたらプレゼン能力がずば抜けているかもしれないし、天才的な絵本を描く能力をもっているかもしれないです。けれども小学校低学年の時点では、飛び抜けた才能ではなく、学校のテストの点数がすべてのような錯覚に陥ってしまうのです。こうなると、勉強ができる子は○、できない子は×であると感じ、ここでも自己肯定感を下げてしまう原因になります。

（2）教師自身の自己肯定感を高める

あなたの自己肯定感は高いですか？　自信をもって高いです！　と言える人はこの章を読み飛ばしていただいてもいいです。反対に少し低いかもとか自信がないなという方はこのまま読み進めてください。なぜ自己肯定感が低いのか理由を考えたことがありますか？

・親から否定されたから
・他の先生からダメ出しをされたから
・仕事で成果が出せていないから
・学歴が低いから
・ダメな所ばかりに目が行くから

などなどいろいろな理由が挙げられます。けれども一番の理由は、**自分で自己肯定感を低く設定しているから**なのです。「いやいやそんなことないよ。あげられるものならばとっくに上げているよ」という方もいるかもしれません。しかし、なかなか認めにくいのですが、これは事実です。どんな親の元に生まれていても、どんな先生と巡り合っていても、仕事で成果が出ていなくても、学歴が低くても、ダメなところがたくさんあっても、**自己肯定感が高い人は高い**のです。というより、高く設定しているので、仕事もうまくいくし、いい所にどんどん目が行くと言えるでしょう。もちろん学歴なんかをいつまでも気にしている必要はありません。今悩んだら、学歴が上がるのであれば悩んだほうがよいかもしれないですが、そこは決して書き換わることはないです。だったら今できること、これからできることに目を向けて、自分に対しダメ出しではなく、よい出しをどんどんしていきましょう。

(3) 使っている言葉を一番聞いている人は

日本には謙遜文化が根付いています。お土産を渡すときに「つまらないものですが」と言いながら渡す人も多いのではないでしょうか。一緒に働いていた外国人の先生から「なんでそんなこと言うの?」と聞かれて、答えに困ったことがあります。それ以外に、行動や容姿を褒められたときにも「そんなことないです」という返しがデフォルトになっています。せっかく褒めてもらえても自分で自己否定しているのです。**その言葉を一番聞いているのは、自分の脳**であり、長年繰り返して同じ言葉を使うことで、脳に言葉がこびりついてしまうのです。これも自分は大した人間でないと信じ込んでしまう原因の一つです。**まずは使う言葉から変えてみましょう。**お土産を渡すときには「これめちゃくちゃ美味しいですよ」と言って渡します。人から褒めてもらったときには笑顔でにっこり「ありがとうございます」といって、もらった言葉を百パーセント受け取るようにします。そこを変えていくだけで、一番、身近に言葉を聞いている自分がどんどん変わっていきます。つまり、自己肯定感が上がっていくのです。

（4）ビリーフを知る

ビリーフとは、信条・思い込みのことです。自分なんて大したことないという思い込みのビリーフをもっていると、チャンスがきても遠慮してしまい、尻込みをしてしまいます。小さいころに親から言われた**「あなたは○○ね」という言葉を、そのまま素直に受け取ってしまい、ずっと握りしめている人もいます。**たとえば、小さいころに「あなたは黄色い服が似合うね」と言われました。するとなぜか服を選ぶときに黄色い服ばかりを選ぶようになります。これも一つのビリーフになります。そして、黄色の服ばかりを着るようになり、人から再び褒められるとそれが強化されます。**つまり、握りしめたビリーフをそのままにしておくとどんどん強化されていくのです。**

【手放すとよいビリーフ】
- 人の目が必要以上に気になる
- 自分なんて大したことない、力がないと思い込む

○幸せになってはいけない
○努力をしなければならない

（5）ビリーフを手放す

自分のもっている、握りしめているビリーフにまずは気がつきます。自分の行動パターンや思考パターンを見つめ直し、どんなビリーフをもっているかを見つめ直します。わからない場合は、書き出してみたりいつも一緒にいる人に聞いてみたりするといいかもしれません。もちろん必要なビリーフもあるのですべてを手放す必要はないのですが、それによって生きづらくなっているものや、すでに必要のないものは手放していきます。部屋を片付けようと決めないと、部屋は片付かないように、まずはビリーフを手放すと決めて手放していきます。

（6）子どものビリーフを書き換える

たとえば、「友だちは信用できない」と思い込んでいる子がいたとします。信用できないから相談することもないし一緒に遊ぶことも少なくなります。そうなるとますます孤独になっていき、1人教室で過ごすことが多くなっていきます。ここでもビリーフの強化は発動するので、信用できないと思う事例をどんどん集めていきます。「一緒に遊ぼうって約束していたのに裏切られた」とか「勝手に自分の消しゴムを使っていた」とか、そういう小さな出来事を集めて自分のビリーフをどんどん強化していくのです。そうなると先生がいくら「友だちと遊びましょう」と言ってもその子は決して遊ぶことはありません。もちろん教室で1人過ごすことも自由ですし、友だちと遊ぶことが絶対よいことではありません。けれども友だちは信用できないという思い込みが、今後その子の人生にどんな影響を与えると思いますか？　辛いことがあっても決して人には相談しないで自分で抱え込んでしまうそんな子どもができ上がってしまうのです。

この子が偶然、中学や高校で友だちに助けられた、友だちは信用できるという出来事があればよいのですが。そこの偶然に期待するよりは、自分が担任しているうちに、少しでもビリーフを書き換える働きかけをするとよいのではないでしょうか。

ではどうやってそこのビリーフを書き換えていくのでしょうか。そこで有効なのがスモールステップです。友だちを信用したら楽しかった、うれしかったという経験をたくさん積み重ねていくのです。たとえば4月に、2人で協力すれば勝てるというゲームをたくさんやります。「足し算エレベーター」や「同じ部首の漢字を集める」ゲームなどです。ペアで協力する系のゲームをやっていくことで、「協力をするといいことがあるぞ」と思ってもらうのです。そこの壁がクリアできたら次は4人で協力するゲームをします。徐々に人数を増やしていき、隣のあの子は信用できるという経験から、グループのみんなは信用できる、このクラスのみんなは信用できるという状態にもっていくのです。

もちろん一度ゲームをやっただけではビリーフは変わりません。すきま時間で**何度も何度も繰り返し、小さな成功体験を積み重ねていく**ことで、新たなビリーフを手に入れるのです。1回のゲームで、1人の子のビリーフが少しでも書き換わったらしめたものです。そんな経験を積み重ね、スモールステップで繰り返していくのです。先生自身が自分のビリーフを書き換えることができていると、子どものビリーフにもアプローチできるようになります。

(7) ビリーフにアプローチする

子どもが問題行動を何度伝えてもやめられない場合どうしたらよいのでしょうか。図の通り、目に見えている問題行動に対してアプローチをすると、その場では一旦収まります

図2｜目に見える部分と見えない部分

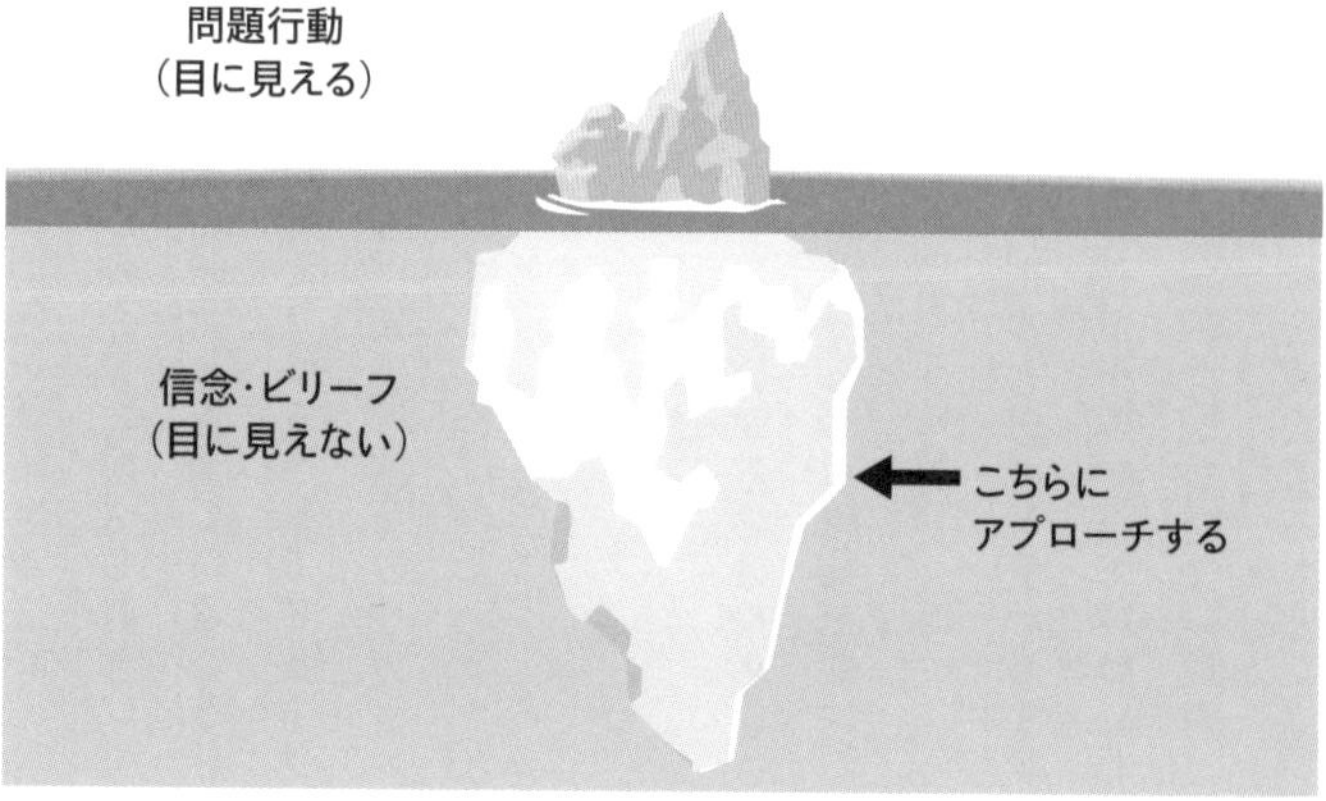

が、時間がたつと元通りになります。もぐらたたきのように、出てきたもぐらを叩けば、下に沈みますが、しばらくするとまたひょっこり出てきます。ではどうしたらよいのか。それは氷山の下の部分、信念（ビリーフ）と言われるところにアプローチをすることです。

たとえば、授業中に鉛筆で机をトントン叩くのがやめられない子がいたとします。その子に対し「やめなさい」と言えば、数分は止めることができます。けれども、本当の意味でやめなければいけないとは思っていないので、またトントンが始まります。この子のビリーフは「暇なときは、鉛筆と机で遊べばよい」なのです。となると、授業中に暇だと思っていることが問題です。暇にならないように、その子に適した問題を準備するとか、今までの学年の中で学び残しがある部分を休み時間にサポートするのもよいかもしれないです。それ以外にも、隣の席の子が「うるさい」「勉強に集中できない」と思っていることを伝えたり、他の子が暇なときはどうやって過ごしているかを知ったりすることでビリーフが変わる可能性もあります。

それ以外にも、先生の注意の仕方も「やめなさい」ではなく「みんなが気持ちよく授業を受けるためにはどうしたらよい？」と問いかけることで、その子自身が考えるようになることもあります。

×鉛筆をトントンするのはやめなさい
◯みんなが気持ちよく授業を受けるためにはどうしたらよい？

問いかけを変えると思考が変わります。それ以外にも、トントンしていない時間を見つけて、近くに行き、小さな声で「いいね」と伝えたり「がんばっているね」と伝えたりするだけでも、トントンしていない時間の強化につながります。どこを強化したいのかを考えて、アプローチを変えてみてください。ネガティブに働きかけて、ネガティブを強化す

るのではなく、ポジティブに働きかけて、ポジティブを強化するのです。

(8) 輪ゴムパッチンワークで自分の心の声を知る

輪ゴムを常にはめて生活します。そして自分に対してネガティブな発言、思考に気づいたらパッチンと自分の腕に痛みが走るようにします。人は毎日5万回思考しています。その中で、ネガティブなセルフトークが半分以上を占めている場合、どんどん自分で自分の首を絞めることになります。いくら「ポジティブでいよう！」とか「ポジティブ大切!!」と頭で思っていても、自分では気づいていない無意識の領域でネガティブセルフトークをたくさん使っていると、どんどん落ち込んでいきます。**まずは無意識の中にある、ネガティブに気づく作業をします。**痛みを伴う輪ゴムを通じて、意識的にポジティブに脳を傾けます。それ以外にも、輪ゴムが腕にはめられていることで、それが目印になりポジティブを意識して生活することができます。「ペップトーク」の実践で有名な大阪の乾倫子先生は、勇気づけの言葉を使って、自分も周りもどんどん元気にしています。発する言葉をプラスにどんどんしていくことで、よい環境を自分でつくり出していきます。これをまずは**自分発信でスタート**してみてください。

図3｜P循環とN循環

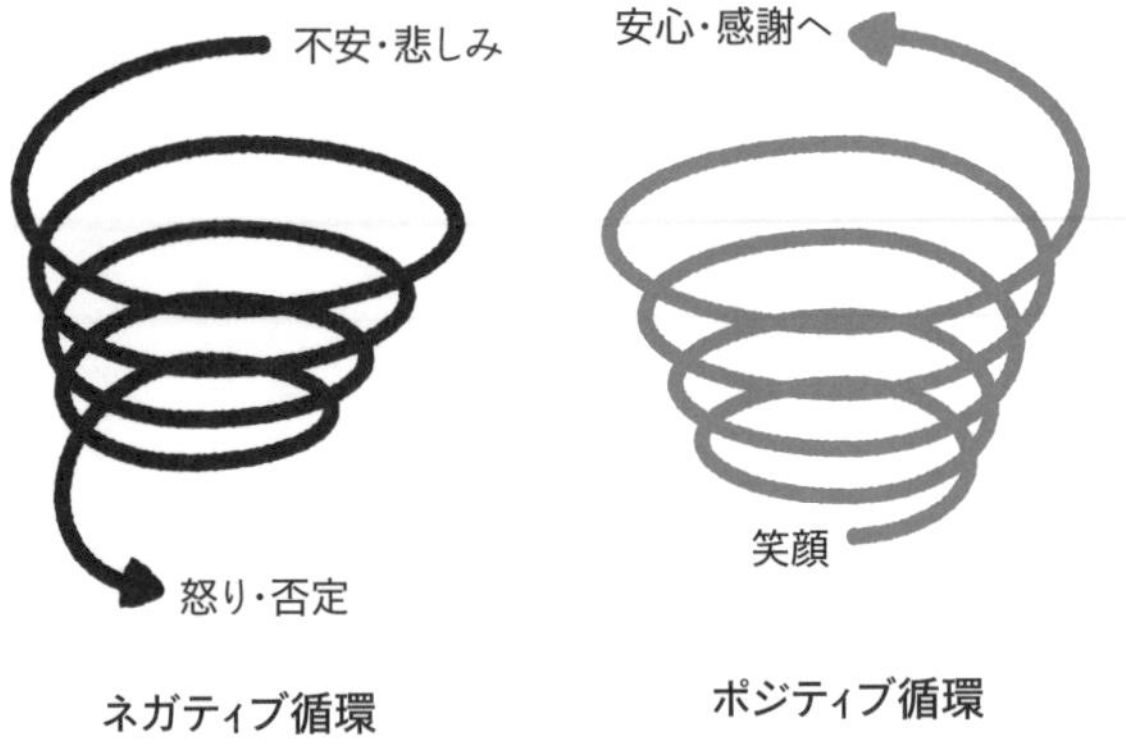

（9）P循環とN循環

臨床心理士で医学博士の東豊さんが提唱している「P循環とN循環」という仮説があります。簡単にいうと、ポジティブな人は言葉も行動もポジティブになります。構成する要素として「愛」「受容」「思いやり」「勇気」「感謝」「喜び」「安心」「信頼」「自信」「幸福感」「自己肯定感」「利他心」があります。反対にネガティブを構成する要素と「怒り」「不満」「妬み」「悲しみ」「傲慢」「不安」「恐怖」「憂鬱」「自信欠如」「不幸感」「自己（他者）否定」「利己心」などがあります。通常人の心なかにはP要素もN要素もあり、時と状況によってバランスは変わっていきます。自分一人だけでもP循環、N循環は起こりますが、人間関係・教室の中・家族間でどちらも循環は起こりえます。たとえば、子どもたちのトラブルが教室で同時多発的に起こります。先生一人では抱えきれなくなり、イライラし始めます。そのイライラを見ている子たちも「不満」や「悲しみ」を抱えながら家に帰ります。家の人が「今日学校どうだった？」と尋ねます。すると、子どもたちは「不満」や「悲しみ」を家の人に訴えます。家の人は先生や学校に対し「怒り」や「否定」する気持ちをもちます。これがN循環です。

反対にP循環を起こすためにどうしたらよいでしょうか。**一番簡単な方法は先生が笑顔で子どもたちの前に立つ**ということです。ニコニコしながら土日にあった楽しい話を朝の会でします。子どもたちが笑います。「喜び」と「安心」が生まれます。次に子どもたちも自分の土日にあった楽しかった話をお互いにします。「幸福感」と「受容」が生まれます。休み時間には、友だち同士で仲良く遊び始めます。「思いやり」や「信頼」が生まれます。ニコニコしながら家に帰ります。家の人は「学校どうだったー？」と聞きます。「今日ね、先生がこんな面白い話をしてくれてね」とか「休み時間にサッカーして楽しかったよ」と笑顔で答えます。家の人は先生や学校に対し「感謝」や「信頼」する気持ちをもちます。

ちがいは最初に笑顔で子どもの前に立ったかどうかです。**これだけのちがいで、生み出**

された結果はとても大きな差を生みます。笑顔で子どもの前に立つ。崇高な授業スキルではありません。ニコニコしているだけなので、これを使わない手はないのです。先生だけでなく、お母さん・お父さんも会社の経営者にもぜひ使ってほしい方法です。ゴルフをするときに、ドライバーで打つ角度が左右に1度ずれると、300ヤード先のボールが落ちる地点では、何十メートルもズレてしまいます。たった1度のちがいを生むために笑顔で今日から教室に入ってみませんか？

(10) 加工した自分ではなく素の自分で

精神科医の藤野智哉さんのツイートに「加工した自分へのいいねを集めるのは、無加工な自分への否定を集めること。いつかあるがままの自分を、愛せるようになってほしいなと思います」というものがありました（図4）。SNSがこれだけ主流になると、少しでもよい自分、素敵な写真やつぶやきを投稿して、「いいね」や賞賛を集めようと必死になることはありませんか？　自分のつぶやきによって誰かが勇気づけられたり、元気になってくれたりするといいなと思い投稿するのはいいですが、それがいつの間にか自分の承認欲求を満たすためのものになってしまうと危険です。加工した写真をインスタに上げたり、

図4｜藤野智哉氏のツイート

藤野智哉@精神科医
@tomoyafujino・2022年8月29日

加工した自分へのいいねを集めるのは、
無加工な自分への否定を
集めること。
いつかあるがままの自分を、
愛せるようになってほしいなと思います。

教室の中の素敵なワンシーンだけを切り取ったりして投稿することで、普通の自分、素の自分を否定していないか一度ふりかえってみてください。**他者からの承認は塩水と一緒で、飲めば飲むほど喉が乾きます。**つまり、自分で喉を潤せるようにならないと、いつまで立っても渇きは潤せないのです。ありのままの自分をまっすぐ愛す。ダメな自分も丸ごと抱きしめる。そう思えたときに初めて、本当の自己肯定感を手に入れることができるのです。

(11) ニュース断捨離をしてみる

スマホを開くと必然的にマイナスな情報が飛び込んできます。テレビのニュースを見ていても、10のトピックがあると、ハッピーなものは1つ程度で、残りの9つはネガティブなものや心が暗くなるニュースです。**本当にそれらの情報は必要なものでしょうか？** 自分の幸福力を高めるためには、マイナスな情報、心が暗くなる情報にできる限り触れないということも必要です。そこでおすすめなのがニュース断捨離です。まずは3日間でいいので、不必要な情報に触れないということです。とはいえ巧妙に自分の生活に入り込んでくるのがネガティブなニュースです。だから、相当な意思と決意をもって取り組まないとあっという間に情報に触れてしまいます。ニュース系のアプリを消去したり、機内モードにしておいたり、家のテレビのコンセントを抜いておくのもおすすめです。とにかくネガティブな情報が入り込む隙間をシャットアウトしておくのです。ニュース断捨離をしてみると、自分の本当に知りたい情報を深堀りすることができるのです。ネガティブな情報を浴びているのは、常に何かを食べている状態です。常に何か食べているのでお腹が空いたのかどうかわからなくなるのです。こうなると、本当に食べたいもの（必要な情報）が目の前にあっても、食べたい！　となりにくくなっています。ですからニュース断食をして、情報に対し飢えている状態をつくり出しておくのです。そうすることで、本当に自分の知りたい情報があるときに、貪るように深堀りができます。**幸せを自分でつくり出すとは、**

意外とこういうことから始まるのです。

⑿　足るを知る

自分にあるものを１００個書きましょう。数年前にとある経営者の勉強会でいきなり出された課題です。10分という制限時間の中で自分は50個しか書けませんでした。よく考えてみると、本当にたくさんのものを自分はもっています。自分だけでなく、世の中の多くの人は忘れていますが、実はいろんなもので満ち足りています。目が見える、話ができる、笑える、ご飯が食べられる、呼吸ができる、歩けるなどここには書ききれませんが、本当にたくさんもっています。けれどもすぐにそれを忘れて、できない自分をもち出すのが大好きです。隣のあの人が乗っている車を羨ましく感じたり、住んでいる家に憧れをもったりします。本当の意味で足るを知ると心が満ち足ります。ないものを数えるのではなく、今の自分には必要のないものかもしれないと思う。そしてあるものに感謝をする。それが自己肯定感を生み出す本当の極意かもしれません。

第2章

まず目の前のことからアンラーンする

教師の思考法

（1）無知の知とアウフヘーベン

職員室の中で意見が対立したり、それはちがうよと思ったりすることがあります。若いころはベテランの意見に納得できなかったり、ある程度経験を積んでいくと、管理職とぶつかったりすることもあるかもしれません。そんなときに有効な思考法が「アウフヘーベン」です。

ソクラテスが古代ギリシアの時代に唱えた概念であり、自分に知識がないことを自覚する概念です。これを実践していけるとよいのですが、実は非常に難しいです。気づいていないことに気づくというのは、一人では決してできないことであるからです。つまり無知の無知（わかっていないことにも気づいていない）という状態に陥っているのです。そしてこの状態を脱するためには、本を読む、人と対話する、自分が普段接することの少ない場所へ足を踏み入れることが大切になってきます。つまり本書を手に取って下さっているみなさんは、無知の知を実践しているファーストステップをクリアしていると言えるのです。

次のステップは、自分がおかしいと思うものや自分とは反対の意見だというものをちがうと否定するのではなく、自分の理解できない何かがあるととらえてみるのです。**言い換えると、相手を変えようとするか、自分を変えようとするか**です。この考え方ができるようになると、自分とはちがう意見と出会ったときに、一旦受け止めようとすることができます。この受け止めようとするのが実は大切で、**「受け入れる」のではなく「受け止める」**のです。この自分にはないアイデアや、反対の意見にも実は無知の部分が隠されています。

これをさらに発展させるためには、弁証法を使います。自分が正しいと思っているもの（正）テーゼと、反対の意見（反）アンチテーゼを合わせて考え、さらによいものへと発展させます。これをアウフヘーベン（止揚）といいます。この考え方を知ると、自分とはちがった意見の人と出会ったときにも、意見はちがうけれども少しでも取り入れられるものはないかという視点で見ることができます。

たとえば「Twitter」。私自身、数年前までは、炎上したりアンチの方がやたらと絡んできたりする大変なツールという認識で、あまり積極的に活用することはありませんでした。

Facebookの方が、身分がはっきりとわかっていて、安心安全なＳＮＳという認識で、ずっとFacebookを活用していました。けれども、Twitterをメインで発信している先生に出会い、魅力や活用方法を知りました。そこから、教師の仕事術や授業に関するノウハウもTwitterからたくさん学ぶことができました。Twitterなんてと足を遠ざけていたら、一生気づくことのない世界でした。それだけでなく、１冊目の本の出版もTwitterがきっかけでした。沖縄でセミナーができたり、ＴＶ局の取材を受けたりと、まさにTwitterのおかげで世界が広がっているのを感じます。今では日本中にTwitter繋がりの仲間もできました。つまりTwitterについて、よくない面（炎上する・保護者から調べられる・変な人に絡まれる）と、よい面（自分にはない考え方を知る・ちがう業界の人と出会える・自分の考えをアウトプットできる）の両面を知ることで、さらによいTwitterの使い方を得ることができるというものです。これぞアウフヘーベンです。

⑵ ＷＨＹ思考を使ってみる

「なぜ？」を５回繰り返す。これはトヨタ自動車で使われている思考法が有名ですが、これを教師向けに置き換えてみます。

たとえば、保護者から「先生の授業がわからないと子どもが言っています」と言われたとします。このときに、あなたはどう対応しますか？　少し考えてみてください。

いろいろな対応方法があると思いますが、代表的なものとして

・今やっている授業について説明する
・どこがわからないのか聞いてみる
・本を読んで、授業の方法を学ぶ
・講座に出てブラッシュアップする
・他の子に聞いてみる
・授業のやり方を変える

などが挙げられると思います。どれが正解かわかりません。一つの方法を試してみたらうまくいく場合もあります。けれどもそもそも、ここにはない対応方法が正解の場合もあります。そのときに有効なのが、保護者は「なぜ授業がわからない」と言ってきたのかを考えるということです。これがＷＨＹ思考です。

①なぜ授業がわからないと言ってきたのだろう→子どもが家で文句を言っているから
②なぜ子どもが文句を言っているのだろう→本当にわからず困っているから
③なぜ本当にわからないのだろう→時間に余裕がなくて、急ぎ足で授業を進めてしまったから
④なぜ時間に余裕がないのだろう→問題が続発していてそれに対応してばかりいたので授業が遅れてしまった
⑤なぜ問題が続発するのだろう→子どもに寄り添えていなかったから

ということは、問題は授業がわからないということよりも、子どもに寄り添えていないことからスタートしている可能性もあるのです。つまり、いくら授業を改善してもその子や保護者の本当のSOSにはたどり着けず、時間ばかり過ぎてしまうこともあります。それ以外にも、保護者はなぜ「授業がわからない」と言ってきたのかを深掘りしていくと、保護者の本当の要求は実は授業の改善ではなくうちの子の話をもっと聞いてほしいという場合もあります。それなのに、一生懸命授業を改善しようとがんばってもまったく報われな

いということにも繋がります。つまり、WHY思考を取り入れることでメタの視点を取り入れて、**相手の悩みの深い部分や次元が上のところまで気づくことができる**のです。いきなり問題に取り組むのではなく、そもそも問題はこれでよかったのか考えることから始めることができるのです。問題そのものを上から俯瞰して見てみます。そうすることで、今まで気がつかなかった問題の外側や、他にもやるべきことがあると気がつくことができるのです。

（3）アナロジー思考を手に入れる

アナロジーという言葉を知っていますか？　あまり聞きなれない言葉かもしれませんが、簡単に言うと類推するということです。つまり、似ているものから要素を取り出し借りてくるということです。いわゆるパクリとはどこがちがうかと言うと、パクリは表層の目に見えるものだけをそのまま真似することであり、アナロジーとは「もっと本質的な構造や関係性のところを参考にする」ということです。つまりパクリは抽象化しないで、具体をそのまま用いること。アナロジーは具体的なものを、一度抽象化してから再度具体化することで、抽象度の高い真似をすることなのです。

葛原祥太さんの考えた「けテぶれ」はPDCAの、さる先生こと坂本良晶さんの「全部やろうはバカやろう」はエッセンシャル思考のパクリではなく、アナロジーなのです。つまりそのまま置き換えたと言うのではなく、もっと抽象化して**高次な共通点を見つけて**転用しているのです。

何をやらせてもうまくいく人というのは、このアナロジー思考を身につけています。どんな会社に転職しても、自分で起業してもうまくできる人は、具体的な問題に具体的に対処しません。他の業界で身につけた抽象化された概念を、具体に落とし込み、それを使うことができるので、どこで何をしても大概のことはうまくいくのです。

私は現在大学で非常勤講師として教員養成にかかわっています。その中で、「前期15回の講義で一番心に残ったことを動画にまとめて提出しよう」という課題を出しました。学生から、2つの反応がありました。1つは「こんなことをしても、授業に関係ないから意味がない」というもの。もう1つは、「言いたいことを3分でまとめる力は、先生になってからも必要なスキルなのでとても大切」というものでした。たしかに、動画でまとめるということは、学校現場でそんなに多くはありません。けれども、言いたいことをわかりやすくまとめて、アウトプットすることはどんな場面でも必要です。これがアナロジー思考なのです。「動画をつくる」という具体だけで考えると、必要ではないです。けれども「人にものを伝える」と抽象化してみることができると、必要なことであると気づけるのです。

この思考を手に入れるためにどうしたらよいでしょうか。それは例え話を意識して使うということです。わかりにくい概念や新しい知識を伝えるときに、例え話をすることで伝わりやすくなるし、アナロジー思考を身につけることができるのです。

たとえば、学級経営の話をするときに自転車のブレーキの話をします。前輪のブレーキは、反応速度が早いですが、前に体重がかかって転ぶことがあり危険です。後輪のブレーキは、効きはゆっくりですが、転ぶ危険性は少ないです。これを学級経営に例えると、前輪ブレーキは注意や指導する言葉。後輪ブレーキは、教師の人間性や態度で規範を示すということになります。目の前で暴力をふるっている子がいる場合は、すぐに注意をして止める必要があります。その後に、その子を呼んで指導することもあります。緊急性を要するので前輪ブレーキと同じです。けれども前輪ブレーキばかりに頼ってしまうと、転んでしまう危険性が高まります。だからこそ、人間性を高めておくことや優しい言葉使いをするなど、態度で示すということも必要になります。これが後輪ブレーキになります。こういった例え話を普段から考えてみること。それがアナロジー思考を高め、具体から抽象。

そしてまた具体へと置き換える思考法につながります。

（4）ポジティブな行動に注目する

たくさんの人が生活する教室の中で、問題が起こるのは日常茶飯事です。日々繰り返される問題に対し、いちいちイライラしてしまい、注意をして教室の空気を悪くするのか、それを成長のチャンスだと感じ、どうしたら問題をクリアしていけるかを考えていけるのかで大きなちがいが生まれます。

私の若いころは、いつもうまくいかずにイライラしていました。こんなに一生懸命やっているのになんで思いが伝わらないのか不思議でした。隣のクラスの学校の中でエースといわれる先生は、いつもニコニコして、注意するときにもぼそっと一言だけで子どもたちが、真剣に言うことを聞いていました。なんなら先生がいなくても、自分たちで注意をし合ったり、とてもスムーズに学級が回っていました。必死に技を盗もうと、観察を続け、話を聞きに行っていましたが、結局その理由はわかりませんでした。けれども今ならわかります。それはネガティブに注目するのではなく、ポジティブに注目していたのです。

教室の中で問題が起こるというところまでは同じですが、その後に先生がイライラして怒るのか、みんなで解決に向けて動き出すのかで、出てくる成果が180度ちがうものになります。問題を起こってはいけないネガティブなものととらえるのではなく、それを乗り越えて成長に繋げるチャンスととらえることで、居心地のよい安心感のある学級に生まれ変わるのです。「そんなこと言うのは簡単だよ。けど本当にできるの?」と思われるかもしれません。けれども学校の中で、毎年素敵なクラスをつくり上げる先生は、きっとこれを使っています。よく観察してください。随所にそういった配慮が施され、**ポジティブ循環を生み出せる仕組みができ上がっているのです。**

一度この仕組みが構築できると、問題が起こって出るのはため息ではなく、ガッツポーズになります。問題を問題としてとらえるのではなく、乗り越えるためのチャンスと考えるのです。「問題をチャンスだと！　そんなことあるわけがない。問題は問題だ。管理職にも注意を受けるし、保護者の信頼もきっちり下げられる」。若いころは自分もそう思っていました。そう考える先生はまさにアンラーンのチャンスです。けれども問題を乗り越えた先に、新しい力を獲得できることがわかると、保護者も一緒に課題を克服する協力者になります。次項に、問題をチャンスととらえ直すためのワークを紹介します。ぜひ、学期最初の保護者会、学年団の先生たち、職員の研修などみんなで取り組んでみてください。

そうすることで、問題が起きる度にため息がでる集団ではなく、「きたきた！　チャンス到来！」とみんなが上を向ける集団に変容することができます。

（5）問題をチャンスに変えるワーク

（グループで取り組むといろんな視点が入りより効果的です）

①教室の中で起こる問題行動をあげます

ブレインストーミングの形で思いつくままに、できるだけ子どもの姿を想像してあげてもらいます。出てきたものを板書したり、付箋に貼ったりしていってもよいです。

- 宿題ができない
- 朝が弱く遅刻してくる
- 言葉使いが悪い
- ヒステリックに怒る
- 自分がしたい話だけをする
- 手が出る

・自分ルールが譲れない
・ゲームに負けると泣く
・休み時間が終わっても教室に帰ってこない

こんな形で、今困っていることをどんどんあげていきます。家庭でこのワークを行う場合は、家庭内での困りごとをあげてもよいです。

②子どもにつけたい力をあげます

・楽しむ力
・自己調整力
・自己肯定感
・相手の気持ちを考えて行動する力
・切り替える力
・客観的に状況をみる力

・スルースキル
・自分の気持ちを言葉で伝える力
・自分を好きになる力
・できていることを認める力

子どもにこんな力がついたらいいなというものをあげていきます。大人になったときに必要な力や、こういう力がある人が人生うまく歩んでいるなと考えるものをあげます。

③問題行動を乗り越えた先にどんな力が身につくかを考えます

・言葉使いが悪い（これを克服すると）↓相手の気持ちを考えて行動する力
・宿題ができない（これを克服すると）↓楽しむ力
・自分ルールが譲れない（これを克服すると）↓客観的に状況をみる力
・ヒステリックに怒る（これを克服すると）↓スルースキル
・手が出る（これを克服すると）↓自分の気持ちを言葉で伝える力

・自分がしたい話だけをする（これを克服すると）→人の話を聞く力
・休み時間が終わっても教室に帰ってこない（これを克服すると）→自己調整力・切り替える力
・ゲームに負けると泣く（これを克服すると）→できていることを認める力

私たちも決して完璧な人間ではなく、欠点やできないことがあります。そのうえで、それを乗り越えてきたから社会に出ることができています。私自身も自分をコントロールするのが苦手で、小学生のときに学校から飛び出していたり、学級崩壊の首謀者になっていたりしました。その懺悔をこめて今こういう活動をしているのかもしれません。

④問題行動を乗り越えるための手立てを考えます

・言葉使いが悪い→先生が言葉使いを丁寧にする
・宿題ができない→量を減らす、けテぶれを導入する
・自分ルールが譲れない→ボードゲームで負ける経験をする

・ヒステリックに怒る・手が出る→ソーシャルスキルトレーニング
・自分がしたい話だけをする→哲学対話・クラス会議
・休み時間が終わっても教室に帰ってこない→授業の最初に楽しいことをする
・ゲームに負けると泣く→インプロで表現方法を学ぶ

ここが教師としての腕の見せ所かもしれません。大きな問題は必ずスモールステップにしていきます。小さいハードルを設けることで、人は乗り越えることができるからです。この本も7万字書きなさいといきなり大きな課題を与えられると挫折しそうになりますが、２０００字のブロックをいくつも書こうとすると、やる気が出ます。子どもたちも同じで、いきなり完璧になるわけがありません。昨日よりも少しだけできることを増やすことが大切です。休み時間が終わっても10分以上帰ってこなかった子が、５分遅れて帰ってこられるようになっただけでも十分な成長です。小さなハードルを一緒に設定し、一緒に飛び越える感覚をもつと乗り越えていけます。手立てが思いつかない場合ももちろんあります。そんなときには先輩や仲間に相談してみます。養護教諭やスクールカウンセラーさん、事務員さんなども意外なヒントをもっている場合があります。本を読んだり、教員でない方に相談したりするのもオススメです。保護者にも「こんな風にしているがなかなかうまくいかない」と伝えてもよいです。その場合、困っていることを全面に押し出すのではなく、「なんとかして一緒に課題を乗り越えていきたいから教えてください」というスタンスで伝えるとよいです。つまり、先生一人で問題を抱えるのではなく、学校や家庭と一緒に課題を乗り越えていけるよう協力体制を整えるのです。

(6) 教育とは外に連れ出すこと

Educationの語源はラテン語のEducareだと言われています。これは外へという意味と、引き出すという意味の言葉が合わさっています。ということは、教育というのは、子どもの能力をいかに引き出すのかが大切になってきます。けれども、今の現場では引き出すという側面よりも、与えるという側面が重視されていませんか？　知識を与えよう与えようとしている先生をたくさんみます。もちろん必要なことは教えます。けれども大前提として、子どもには獲得する力があると思えるかどうか。必要なものはすでにもっていると思えるかどうかが変わってきます。ではどうやって子どもから能力を引き出していけばよいのでしょうか。

例えば1枚のりんごの写真があったとします。「これはなんでしょう?」という問いかけをします。すると、「りんごかな」と答える子もいれば、「赤いなあ」とか、「美味しそう」と答える子もいます。まずはいろんな考えをどんどん出せるようにします。1枚の写真からいろんな考えを引き出します。これを続けていくと、そのうち「それは写真だよ」とか「1枚の紙じゃん」と言いだす子が出てきます。こうやって、りんごの写真1枚からもたくさんのアイデアは引き出せるようにしていきます。

今度はいろんな側面を見ていきます。

○社会的な側面「どこで採れたりんごだろう」とか「りんごがたくさん採れる県はどこだろう」と考えます。

○理科的な側面「なんでりんごは甘くなるのか」とか「水やりはどうやってするのか」を考えます。

○図工的な側面「美味しそうなりんごの絵を描く」「実際のりんごを使ったアート」を考えます。

○国語的な側面「りんごの詩を考えたり」「りんごのキャッチフレーズ」をつくっ

たりする活動も面白いです。
◯音楽的な側面「メロディーや歌をつくる」「リコーダーや木琴でりんごを表現する」のも面白いです。他にもりんごのお菓子をつくったり、りんごの魅力を語る動画やポスターをつくったりしてもいいです。1つのりんごの写真を使って、りんごの本質をどんどん追求していくのです。

教師主導で授業を展開していくのではなく、子どもがやりたい活動を自由に展開していく。こんな授業ができたら、子どもは本当に楽しそうに学び始めます。もちろん準備はどうするのかとか、時間数の問題、人手の問題などクリアする課題はたくさん出てきます。けれども、子どもたちが「やりたい！」という気持ちになっているとき、多くの課題は簡単にクリアすることができます。まずは子どもたちがやりたい！　と思えるかどうか。そんな学びを構想できたとき、本当の意味で子どもたちは学ぶことができるのではないでしょうか。

（7）鳥の目、魚の目、虫の目で子どもを見る

子どもに対して3つの目で見ていきます。

○鳥の目＝少し離れたところから俯瞰して見ること、学級の中での役割や立場なども一緒に見る
○魚の目＝時系列で見てあげること　去年からの成長を見る。これからどうなっていきたいのかを一緒に考える
○虫の目＝目の前の一瞬一瞬の細かい行動を見る

たとえば、教室の中でなかなか学習することができないAくんがいたとします。授業中、教科書を開かなかったり、先生の話を聞いていなかったりすることもよくあります。ひょっとすると学習障害かと疑われる子だとします。この子を虫の目だけで見てしまうと、まったくやる気のない子だと先生の目に映ります。何度言って行動は変わらないし、「やる気あるの？」とイライラしてしまう気持ちにもなります。ここで、魚の目を入れます。去年はこの子は教室に座っていることもできませんでした。何かあると外に出ていき、数人の

子と運動場を歩き回ったり、廊下で遊んでいたりしました。つまり、去年の状態からすると、相当成長しているのです。ただ過去の学習の積み上げがないので、学習面では難しさがあり、なかなか授業にはついていけていませんが、座って少しでも話を聞こうとしているという点では大きな成長が見られます。もう1つ、鳥の目で見てみます。この子は、友だち関係もすこぶるよく、休み時間にはみんなを誘ってサッカーをしたり、校庭にある森に遊びに行ったりしています。朝学校に来ても、みんなの輪の中心にいます。

3つの目で見てみるととらえ方がグッと変わりませんか？　虫の目だけでは見えてこなかったものが、魚の目と鳥の目を入れていくとずいぶん様子がちがってきていると思います。そしてこの子への声かけも、虫の目だけで見ているときと、魚の目・鳥の目を一緒に見ているときでは、まったくちがったものになります。虫の目だけだと現状のできていないところの指摘に留まり、お互い嫌な気持ちで終わってしまいます。去年からの成長や、クラスの中での立ち振る舞いを合わせて伝えることでAくんにとっても、受け取りやすいメッセージに変わります。そのうえで、今のできていない現状を伝えて、次の学年に上がるまでにどうしていくのかを一緒に考えていくのです。このときに注意してほしいのは、**なぜできないのかという原因追求をするのではなく、1週間後にどうなっていたいのか、**

1年後にどうなっていたいのかという未来志向の問いかけをすることです。できない理由を考えたり、過去の問題を考えたりするとき、人はどうしても下を向いて暗い気持ちになります。未来のなりたい姿を想像することで、顔が上向きになり明るい気持ちになります。どちらも願っているのはその子の成長です。けれどもアプローチがちがうだけで、顔が上にも下にも向くのです。

(8) ヒドゥンカリキュラムを使う

ヒドゥンカリキュラムを知っていますか？　隠れたカリキュラムと言われ、最初からこちらが意図したカリキュラムとは別に、子どもたちに大きな影響を与えるカリキュラムのことです。

たとえば、「机の上はきれいにしよう！」と先生が呼びかけてルールにしていても、先生の教卓の机上がぐちゃぐちゃであれば、子どもたちはどちらに従うでしょう。「ゴミを拾おう」と言いながら、先生が落ちているゴミをスルーしていたり、「トイレのスリッパを揃えよう」と言いながら、先生が使った後に揃えていなかったりすれば、子どもたちは決して揃えるようにはなりません。

若いときはこういったことに気づけないことも多いので、何度言っても子どもに指示が伝わらないとか、いつまで時間が経っても静かにならないと頭を悩ませる先生も多いかもしれません。まずは教室の中のヒドゥンカリキュラムを見つけてみましょう。自分一人では、気づけない場合も多いので先輩の先生に授業の様子を見てもらったり、教室の環境をチェックしてもらうことで気づけることもあるでしょう。

ある程度経験を重ねたら、こんどはヒドゥンカリキュラムを使いこなそうという意識をもちます。ヒドゥンカリキュラムを使うと言っても、聞き慣れないので何をしたらよいのかわからない場合もあるかもしれないですが、実はとても簡単です。まずは子どもの前に立つときに笑顔でニコニコしているのです。笑顔は人に安心感を与えるので、試しに、暗い顔でどんよりした雰囲気で過ごしてみてください。驚くほど教室は暗い雰囲気になります。**子どもの前に立つ先生はそれぐらい影響力があるのです。**

それ以外にも、毎日子どもたちが帰った後、5分でいいので掃除をするとか、ロッカーを整頓するとか。机に書いてある落書きを消したりするのも効果が高いです。要は教室をきれいな状態に保つことで、割れ窓理論（＝ブロークンウインドウ効果ともいい、建物の窓が割れた状態でそのままにしてあると、この建物は誰も注意を払っていないというメッセージが伝わり、やがてすべての窓が壊されるという現象）を使うことを意識するのです。つまり、教室の中を割れた窓がない状態に保っておくことで、自然と子どもたちが落ち着きやすい状態にするのです。これは「静かにしなさい」と10回言うよりもはるかに効果が大きいです。

（9）コンフォートゾーンを飛び越える

コンフォートゾーンとは、人が快適であると感じるゾーンのことで、いつも同じ飲み物や、同じコンビニを使うのは、よく知っているものの方が安心するからです。新しい場所にいくとドキドキするのはフィアゾーンという恐れのゾーンに入るからです。新しい考え方を身につけようとすると、どうしてもぎこちなくなり、つい今まで通りの考え方に戻ろうとしてしまいます。フレンチの高級レストランよりもマクドナルドの方が落ち着いて食べられるのは、自分のコンフォートゾーンがマクドナルドにあるからです。けれども、自分を成長させたりブラッシュアップしたりしようとするとき、必ずコンフォートゾーンの先のフィアゾーンを通り越して、ラーニングゾーンに入らないといけません。

どのようにコンフォートゾーンを飛び越えるのか、それは**仲間という泉に浸かることで**

図5｜コンフォートゾーンからラーニングゾーン

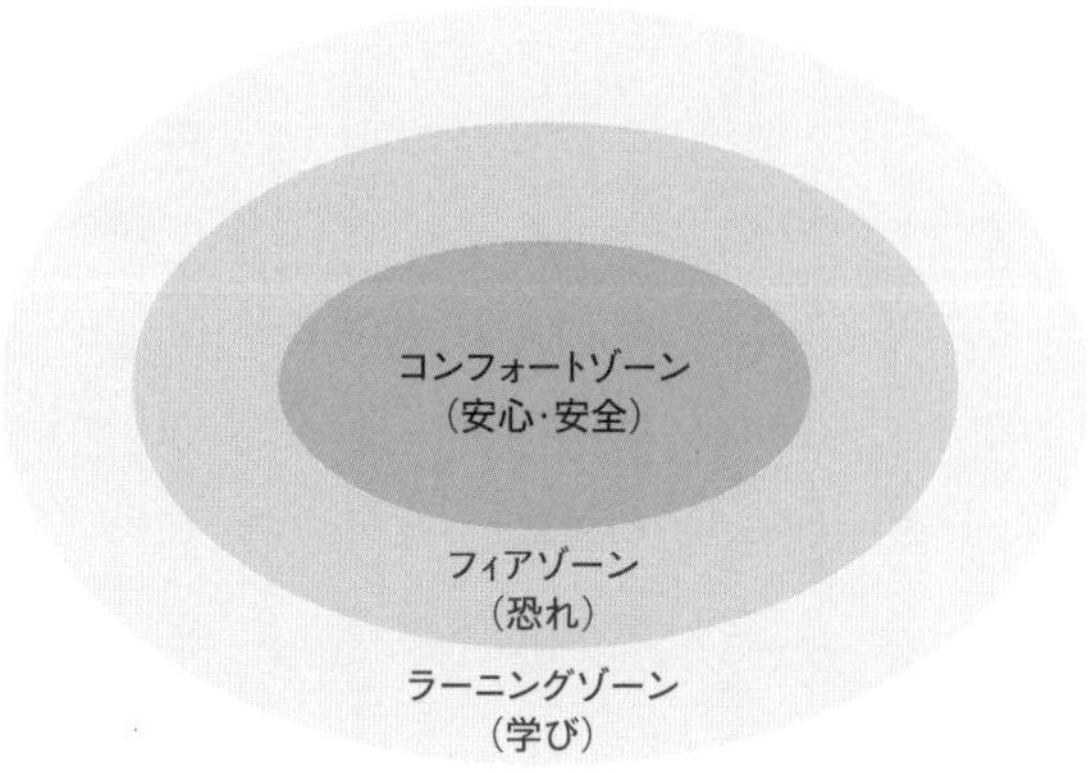

す。自分一人でがんばっているとつい、昔の自分に戻りたくなります。身体も心も楽な方がよいので、コンフォートゾーンに戻ろうとします。そんなときに、がんばっている仲間の存在に刺激を受けたり、悩んでいたりするところ、つまずいているところを相談することで、フィアゾーンを通り越すことができます。仲間の泉に浸かりながら自分をブラッシュアップしていきます。そして学んだことを、色々なところでアウトプットすることで、少しずつ自分のものになっていきます。フィアゾーンは、最初は居心地が悪いですが、ラーニングゾーンまで行ってしまえばワクワクしてきます。ワクワクし始めると、勝手に自己探究が始まります。

(10) 不機嫌で人をコントロールしないのが大人

赤ちゃんはおむつが濡れて気持ちが悪いと泣きます。ミルクがほしいときにも泣きます。泣くしか知らせる方法がないので、おむつが濡れたことやミルクを飲みたいことを伝えます。不機嫌で、周りの大人をコントロールするのです。ではあなたは、不機嫌で人をコントロールしていないですか。子どもに対して不機嫌をアピールすることで、言うことを聞かせていないですか。怒っていることを伝えることで、子どもを動かそうとすることがないかふりかえって考えてほしいです。もちろん私もゼロとは言えませんが、できるだけ使わないように気をつけています。使わないようにすると意識することが非常に大切で、使ってしまったときには、反省して次からは気をつけるようにします。

職員室を見て、こういう人がいないかをチェックしてほしいです。子どもに不機嫌で人をコントロールしないことを教えるはずの大人が、職員室で使ってしまっていては元も子もないからです。子どもは敏感であり、こういう大人のことを嫌っている場合が多いです。もちろん「ダメなことはダメ！」とはっきり言うのは大切でありますが、イライラしている様子を見せたり、大きな声や怒りで相手をコントロールしたりする大人が減ってくれることを心から願っています。ではどうしたら、そういう大人が減っていくのか。アンガーマネジメントなどの方法もありますが、まずは自分でできるだけ使わないと決めることです。不機嫌でコントロールしている大人の大半は、無自覚な場合が多く、その方法に慣れてしまっています。ここでもアンラーンのチャンスがあります。まずははっきりと、不機嫌で人をコントロールしないと自分で決めることです。そして、いつも機嫌よく過ごしている人たちが、周りの先生たちや子どもたちとどうコミュニケーションをはかっているのかをよく見てみることです。必ずうまいやり方があり、その方法を早いうちに身につけることは、あなたの人生に幸せをもたらすことは間違いありません。結婚生活を考えてみても、不機嫌で人をコントロールする人と幸せな家庭を築けるとは到底考えにくいでしょう。職場でも煙たがられますし、どんなコミュニティに属しても、不機嫌でいる人と好き好んで一緒にいようと思う人は少ないです。だからこそ、自分がご機嫌でいることは、幸せな人生を歩むうえでとても大切なスキルになります。そして、人に物事を頼むとき、動いてほしいときにどういう方法があるのかを知っておくことは、とても重要になってくるのです。

（11）具体と抽象を行き来する

以前会社を経営されていた方と話をしていたとき、会社経営は抽象的な視点をもっているると、世の中の動きや会社の大局を見られるのでうまくいくが、それだけでは社員にやりたいことが伝わらない。サブのポジションにいる人が具体的な動きやアイデアを出していけるとよいということを教えてくれました。子どもたちの将来に直接関係するかどうかはわかりません。けれど、**誰でも自分の人生は経営していきます。何を選択していくのか、どこに時間やエネルギーを投資するのか。そういった一つひとつの選択と決断をしていくという意味では、全員が経営者になっていくのです。**つまり抽象から具体へ、具体から抽象へと行き来する力が必要になるのです。

教員として考えたとき、授業の中で、具体と抽象をどれだけ意識できているでしょうか。国語の説明文や物語文といった分類も抽象化の一つですし、場面分けや段落分けといった文章を読んでいくスキルも抽象化になります。それ以外にも、算数の公式や理科の自然現象の法則化といったことも抽象化の一つです。

具体的なことを具体的なことで学んでいると、どれだけ覚えてもキリがありません。けれども抽象化する方法を伝えていくと、新しい言葉や学びに出会ったときに、こういうことかもしれないと予測することができます。木へんの漢字は、木に関する字だし、頭にeのついている英単語は「出る」「出す」ということに関する言葉と予測できます。もっと大局的に見ると、歴史上の人物で権力に溺れた人は失脚しているとか、酒や女性関係で失敗している人が多いということにも気づけます。つまり歴史を学んでいるようで、実は人生を学んでいるのです。こういう目線で6年生の社会の教科書を見ると、本当に面白い気づきがたくさんありますし、これからの生き方を学ぶことができます。

大切なことは、この視点を教師がもてているかということです。先生がこの視点をもたずに、目の前の事象だけをそのまま伝えていると、子どもにとって無味乾燥な何も楽しくない学びになってしまいます。先生がこういう大局的な視点をもっているからこそ、学びの楽しさを伝えることができるし、子どもにとっても楽しい、味わい深いものになるのです。

［やまなしで学べること］

「クラムボンは、笑ったよ。」

「クラムボンは、カプカプ笑ったよ。」

6年生の国語の題材である「やまなし」の本文です。大抵「意味がわからない」と子どもたちは頭を悩ませます。先生も何を伝えようか、どう伝えようか非常に難しい単元です。なぜこの話が難しいと感じるのでしょうか。それは非常に抽象度が高いからです。そもそもクラムボンという生き物を知らないですし、水の中で起こる出来事を想像するのが難しいのです。ではなぜ、6年生でやまなしを取り扱うのでしょうか。それは抽象度の高い物語に触れることで、解釈の自由度が高いものを学ぶためではないでしょうか。

大好きな小説が映画化されて、楽しみにして劇場に足を運びます。ワクワクしながら観てみると、思っていたものとちがってがっかりした経験はありませんか？　私は、バスケ漫画の名作中の名作スラムダンクがアニメ化されたときに、想像とちがいすぎて落胆したのを今でも覚えています（劇場版はとても感動しましたが…）。小説や漫画を読んでいくうえで、出てくる主人公の設定を、自分の頭の中で勝手に設定します。小説では特に、描写のなかには描かれていない、人物設定を自分好みにカスタマイズして物語を読み進めていくのです。自分の中でベストな声、背の高さ、主人公の雰囲気、街並み。すべてを想像できるのが小説の面白さです。それを映画で映像化してしまうことでギャップが生まれ、「あれれ、思っていたのとちがうぞ、がっかり」ということが起こるのです。つまり「やまなし」は国語の単元の中で、必然的に抽象度の高い物語と出逢わせて、「うわ～よくわからない。想像できない！」という体験をさせていると言えます。今の子たちは、小さいころから動画にたくさん触れています。具体的なイメージをもつのは得意かもしれませんが、見たことも聞いたこともないものを、なんとなくこんなものだろうと想像するというのは、不得意な子が多いのではないでしょうか。小さいうちからたくさん本を読むと賢くなるというのは、この抽象から具体という頭のトレーニングが自然にできるからなのです。

(12) 発信者側に回る

どんなものにも受信者側と発信者側があります。ＴＶでいうと、ＴＶ局やタレントさんは発信側であり、テレビの前で見ている視聴者は受信側です。30年前は発信側に回ろうとすると、莫大なコストがかかりました。けれども今はスマホ１台あればすぐに発信することができます。ＳＮＳを通じて総発信時代に突入したのです。

子どもたちとプログラミングの学習を始めると、最初は世界中の人たちがつくったゲームに夢中になって楽しみます。もちろん存分に遊んで、その楽しさを味わってほしいのですが、大切なのはその後で、**ゲームをただ楽しむだけでは消費者になってしまいます**。いわゆるお客さまになってしまい、世の中から消費される人になります。そうではなく、ゲームをつくり出す側に回ろうと子どもたちに伝えます。世の中の仕組みとして、消費する人はお金を払う人。生み出す人はお金をもらう人になります。プログラミングを使ったゲーム一つをとっても、ただ遊んでいるだけではやがて時間の浪費になります。YouTube・Twitter・Instagram・TikTok。これらのSNSもすべて、消費側に回ると時間やお金はいくらあっても足りません。どんなSNSでもいいのですが、まずは発信してみること。発信はびっくりするぐらい注目されません。その中で、どんな発信をすると見ている人の役に立ち、いいねをされたりフォローされるのかを考えることはマーケティングにつながります。**世の中のニーズと、自分の発信の重なる部分を見つけるのです。**

この本の原稿もスタバで書いています。隣に座っている男性は本を読んでいます。読書ももちろん非常に有意義な時間になりますが、自分でこうやって原稿を書くことはその何倍もの学びになります。言ってみれば今まで自分が学んできたこと、体験してきた経験、出会いなどすべてを棚卸しすることができるのです。いきなり本の原稿を書くのはハードルが高くても、ブログを書く、音声コンテンツで話すなどは割とコストやハードルが低く取り組みやすくなります。こういう話をすると、大半の人は「恥ずかしいから」とか「自分には伝えることはありません」と言います。そうやって世の中の大半の人がやらないことだからこそ、そこに価値は生まれますし、チャンスが転がっているのです。アーリーアダプターと言い、世の中の流行の少し前に乗った人はその恩恵を大きく受けることができます。まだ誰も挑戦していないことにトライしてみることでアーリーアダプターになってみませんか？

教育観をアンラーンせよ

(1) Googleレンズが宿題をやってくれる時代

息子が夏休みの宿題がわからないと言って、私に聞きにきました。元小学校教師であった自分は「ようし！」と思って意気込んでみましたが、「マッチ棒を3本動かして正方形を作れ」という問題が解けませんでした。悔しかったので、中1の娘を呼んで、「これわかる？」と聞いたら、Googleレンズが解いてくれるよと言って、スマホを問題にかざしました。するとあっという間に答えと解法を教えてくれました。これにはとても驚きました。

Googleレンズの存在は知っていましたし、虫や植物にかざして名前を調べるという活動も2年生の生活科で行ったりもしていました。けれども算数の問題を解いてもらうという発想はありませんでした。さらに驚いたのは、娘は1年前からこの機能を見つけてこっそり使っていたという事実です。もしかして、世の中の大人はこれを知らないのではと思い、Twitterでつぶやいたところ、5.5万いいねをもらい、やり方を撮した動画は200万回以上再生されました。TV局からも取材があり、めざましテレビやZIPといったニュース番組にも取り上げられました。つぶやきへの反応はいろいろありましたが、概ね好意的なものが多かったです。この流れはもう止められないです。スマホの機能は進化する一方であり、10年後の未来は正確には想像できないです。子どもに「この機能を使わないで」と言っても、きっと隠れて使うでしょう。こんな時代に教科書を使って決められた算数の授業をする意味を考えていかなければと思います。もちろん、算数の授業は意味がないと言いたいのではないです。むしろ考える力を鍛えるうえで算数は必要であると思っています。けれども今まで通りの、教科書とノートを使った一斉授業のスタイルで授業をすることを再考する時代になってきているということです。

図6｜AIが描いた絵

(2) AIが絵を描いてくれる時代

ＡＩが絵を描いてくれる時代になりました。誰でも無料で、キーワードを2・3個入力することで、1分ほどの時間で絵を描いてくれます。載せてある絵は「surfin sun sea」というキーワードを入力して描いてもらったものです。これもすごいものが開発されたなと感じます。こんな時代に図工や美術の授業をする意味ってなんだろうと考えます。夏休みに息子が、トンボの絵を描く宿題をやっていましたが、デザインを考えて、色のバランスを見て、筆の太さを考えながら、濃淡を工夫していました。隣でその様子を見ながら、とても味わい深い時間でした。描き上げた息子はとても満足そうな顔をしていました。この感覚はＡＩでは決して味わうことはできません。できあがったものは確かにＡＩの絵も素晴らしいですが、途中の過程がごっそりぬけています。植物の成長も動画で見ればこんなに楽なことはないです。メダカの産卵から成長に関しても同じです。けれども楽だからとか、失敗しないからといって動画に頼ってばかりいては、無味・無臭の無機質な人間が育ってしまうし、学校の存在価値が危ぶまれていきます。めんどうくさいし、手間はかかるけれども、あえて失敗を経験してみます。生き物が死んでしまったら、土に埋めたり、自分が育てた野菜を食べてみたりします。そんなところに学校で学ぶ意味や意義をどんどん見出していきたいです。ＧＩＧＡの時代と言われていますが、**案外泥臭いところに、学校の魅力は詰まっている**かもしれないです。

（3）氷と氷は温めると水になる

４月に学級を開いたばかりのころ、先生と子どもの関係ができていないので、声をかけても子どもの心に入っていくことは少ないです。これは氷と氷の状態であり、ぶつかるとお互いに削り合っているのです。この状態から一歩先に進めるためにどうすればいいのか、それはお互いを温めることで、氷を水にするのです。水になった状態で、相手のために声

図7｜教師と子どもの関係

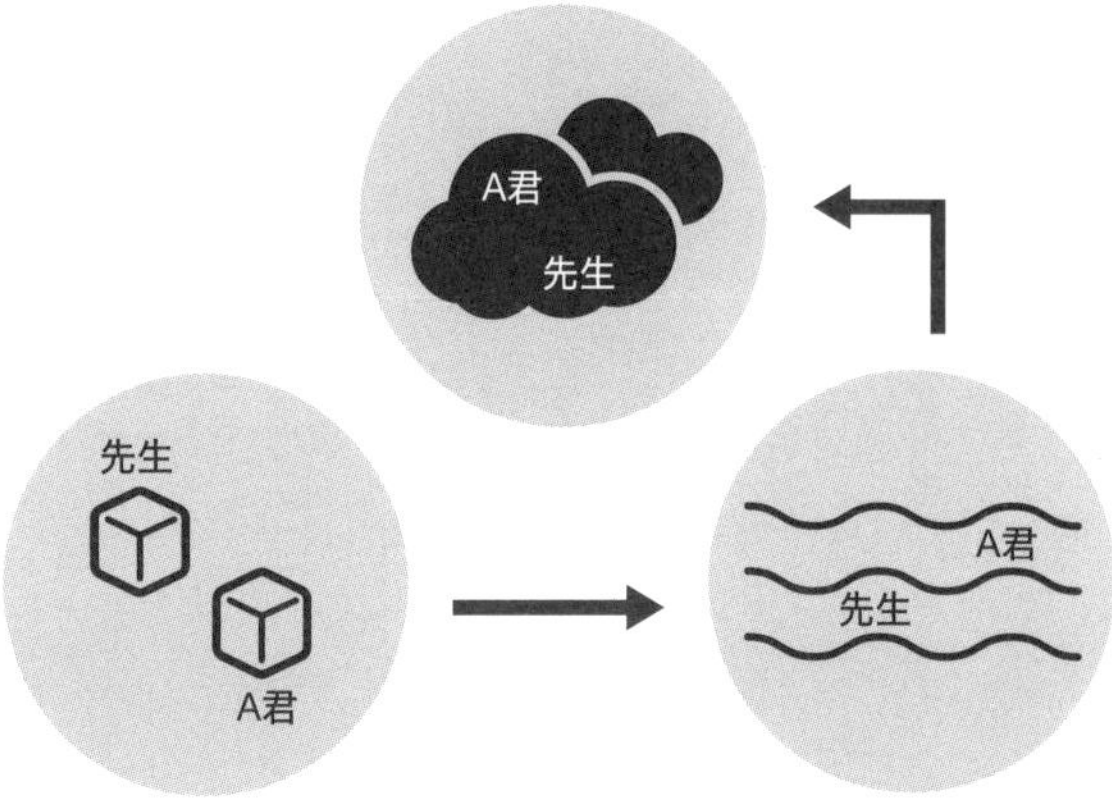

をかけるとスッと心に入っていきます。ではどうやって氷を水に変えるよう温めるのでしょう。それは、毎日笑顔で話しかけたり、一緒に楽しいことをしたりすることです。簡単に言うと、子どもたちから「この先生好きだな」と思ってもらうということです。もちろんこちらからも「みんなのことが大好きだ」という気持ちで接します。それ以外にも、子どもが髪を切ったり、新しい服を着てきたりしたときの変化に気づいてプラスのフィードバックをします。おもしろい絵本を見つけたときには、必ず読み聞かせをする時間をとります。要は教室の中に温かい空気が流れるように、色々な仕掛けをしていくのです。現在はコロナで難しいかもしれませんが、朝と帰

りに私とハイタッチをするというルールにしていたときもありました。プラスのストロークと言って、肯定的な働きかけを一人につき必ず毎日3回すると自分の中で決めるのです。これは一撃必殺の技ではありませんが、ボディブローのように少しずつ時間をかけて効いていきます。時間をかけてつくり上げたものは、とても長く効果を発揮します。反対にあっという間につくり上げたものは、あっという間に壊れてしまうのです。つまり、時間をかけ・手間をかけ・心をかけて子どもとの関係を少しずつつくっていくのです。そうすることで、4月は氷同士だった関係が、いつの間にか水になり、さらに温めることで、最後にはお互い空気のような存在になるのです。空気になると、何も言わなくても、思っていることがお互い通じるようになります。熟練の仲良し夫婦のように、表情ひとつで子どもが何を思っているのか、どんな風に感じているのかを感じられる関係になります。これはすぐにできるものではなく、少しずつ時間をかけたからこそつくり上げることができるものなのです。子どもと先生も同じです。1年かけて温めた空気だからこそ、お互いのことをより大切にできるし、そこにいるだけでいいなぁと感じることができるのです。

（4）ハカリを変える

通知表ではかっているのは学力です。もちろんそれ以外の面の表記もありますが、基本的に学力です。先生が評価されるのも授業力が大きいです。研究授業では学校中の先生たちが集まり、授業を見合い、「ああでもないこうでもない」と評価・改善を重ねます。もちろん授業は学校の中心であるし、学ぶ力をつけることにも異論はないです。けれども、本来子どもにつけたい力は学力だけではないはずですし、先生として必要な力は、授業だけではないはずです。できるだけいい大学へ行き、いい企業に就職すれば安泰であるという旧モデルは破綻し始めています。それなのになぜ、学力を通知票で評価して、いい授業とはどういうものかだけを、毎年議論しているのだろうか、とても不思議に感じます。

4月に新学期がスタートすると、連日職員会議が行われます。1年間の行事についての提案がなされます。それよりも大切なことは、「今年は子どもたちのどんな面をどうやって伸ばしていくのかを話し合うべきなのでは」とずっと思っていました。行事についてももちろん大切なことではありますが、子どもにどんな力をつけたいのかがあってこその行事であるはずです。もちろん、校長からその年の学校経営方針が示されますが、「心技体を伸ばす」とか「優しい子」といった抽象的なものになる場合が多くどこかぼんやりしていることが多いです。その学校すべての子に当てはまるものにするために、抽象的になるのは仕方がないかもしれないですが、その後、担任団でそれをどう実現するのか、どういう手立てで達成していくのか議論する時間が圧倒的に少ないのが現状です。

先生についても、学力テストの結果がよい先生がよい先生といった残念な風潮があります。もちろん教育のプロとして、子どもに力をつけることも大切です。けれども、子どもが幸せに生きる力をどれだけつけているか。友だちに対する信頼感、人を大切にする気持ちをどれだけ高められたかをはかることも大切です。具体的にはQ－Uアンケートなどで、よい学級集団にしている先生の評価もしていってほしいのです。**この子どもや先生への「ハカリ」を変えていく作業を、そろそろしていくべきではないでしょうか。**

（5）関係の質を高める

左の図は、ダニエル・キム氏の「成功の循環」モデルです。関係の質が向上すると、思考の質が向上します。思考がよくなると、行動が変わります。行動が変われば、当然結果も変わってきます。自分が今までいた学校で、職員の仲がよい学校ほど、子どもたちは落ち着いていていました。教員同士で春休みに、桜の花を眺めながら一緒にピザのデリバリーを

図8｜成功循環モデル

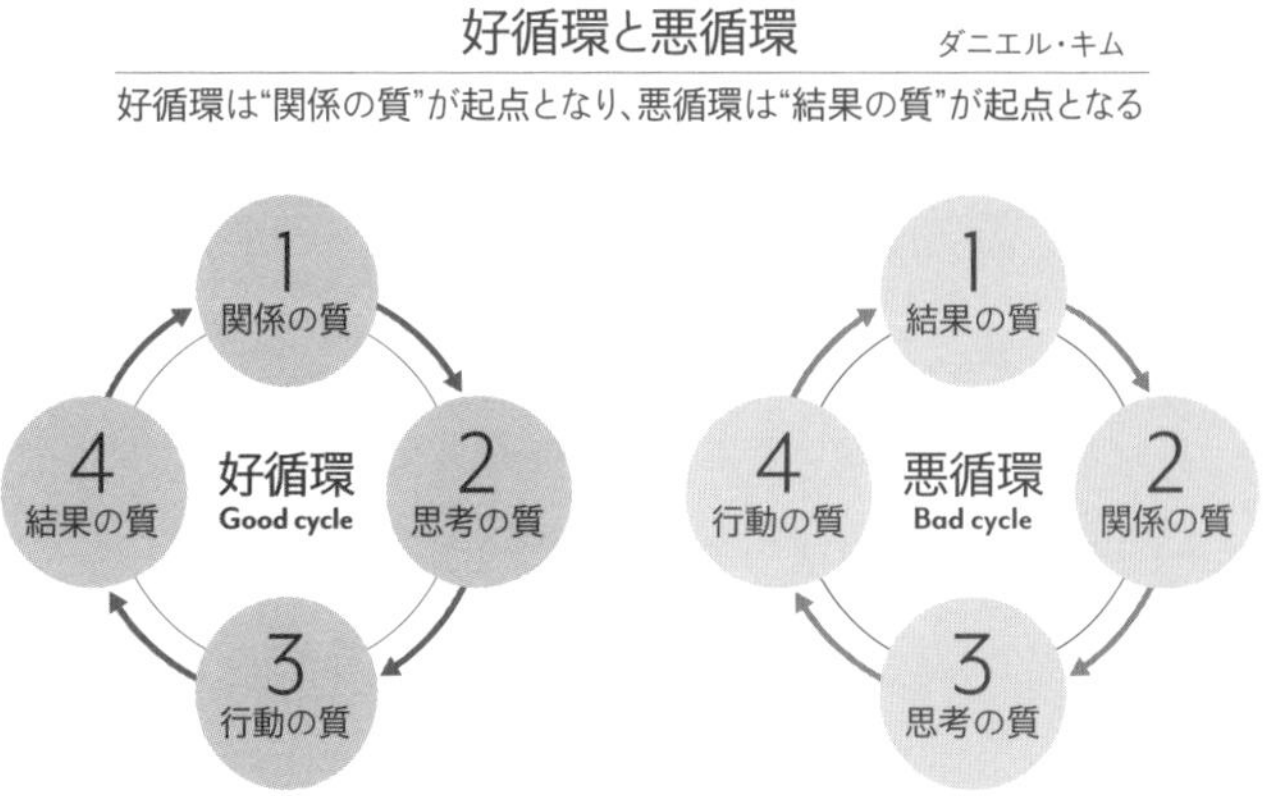

注文して昼食を食べたりしました。休みの日にも、車を出して遠出をしたり、ＢＢＱをしたりしました。すると、仲がよい先生が困っているときに、手を差し伸べやすくなります。若手の先生も、頻繁に相談しにきたり、あの先生の様子がおかしいと情報共有したりすることができました。お互いに助け合える素敵な職場環境になります。まさに関係が向上したので、思考が変わり、行動が変わったのです。そうなると、必然的に子どもに接する方法も変わり、子どもが落ち着くようになります。これはあくまで職員室の一例ですが、これを教室の中でもやっていくのです。ペアワークやミニゲームをたくさんすることで、関係の質が向上し、思考が変わります。困っ

ていても知らんぷりしていた子たちが、助けてあげようとなるのです。こうなるとしめたもので、勝手によい行動がたくさん生まれ、気づいたら素敵なクラスに変容していきます。

成長への近道は
メタ認知

(1) メタ認知とは

メタとは「高次の」という意味ですが、メタ認知とは高い視点から俯瞰して自分をみることです。前述の鳥の目と同義です。「アオアシ」というサッカー漫画があります。サッカー漫画としては珍しく、サイドバックというポジションが専門の主人公が出てきます。主人公のアシトは、身体も小さくスピードもない中で、この俯瞰力を武器にユース世代の化け物たちを相手に戦っていきます。長く日本代表として活躍した、中村憲剛選手や遠藤保仁選手もこの俯瞰力に優れていると言われています。言ってみれば、選手がプレーしている目線とは別に、空中からドローンで撮影し、自分のチームと相手チームの選手がどこにいるかが把握できる力。これを俯瞰力と言います。教室の中で考えてみると、先生として子どもたちの前に立っている自分と、もう1人教室の後ろの高い所から、カメラで教室全体を見ている。そんな視点をもつことを俯瞰力と言います。そして俯瞰力を使いながら、自分についていろいろな視点からふりかえり、成長に対する気づきをもたらすものをメタ認知と言います。子どもの前に立つときに、自分の視点から見える景色と、教室の後ろ側から見える景色を意識します。物理的に難しく感じるかもしれませんが、自分とはちがう神様の視点から見ている状態も想像しながら指導するのです。

(2) 自分と向き合う

毎日生活していると、ついつい目の前のことに忙殺されて、自分と向き合う時間を確保するのが難しくなります。今日の授業はどうだったか、子どもとの接し方は、帰りの会の話は、などふりかえることはたくさんあっても、実際に向き合って考えられているでしょうか。できていない自分を見るのはとても辛いです。若いころに「自分の授業動画を録画して見直してみましょう」と言われ、やって見ました。気づきは多く、やる価値はとてもあるのですが、恥ずかしいという感情に押しつぶされてしまい長くは続きませんでした。

もう一つできない理由の大きなものは、スマホという何も考えなくても、楽しさを享受できるアイテムが目の前にあって、自分と向き合う時間を遮断してくるからです。熱を出して数日間寝込んだとき、たまっていた仕事をしようとPCを立ち上げましたが、文字が歪んで見えたり、頭がぼーっとしたりしてまったく働きませんでした。けれどもスマホから流れてくる動画コンテンツは頭を使わなくても、何時間でも観ることができました。つまり、それだけ頭を使わずに時間を浪費することができるということです。脳の仕組みとして、エネルギーを消費するのを防ぐ働きがあります。少しでも楽な方を選ぶ機能が自分の中にデフォルトで備わっているのです。だからこそ、あえてエネルギー消費の激しい自分と向き合うという営みをすることは大変なことなのです。けれども、向き合うことをしなければ、次への一歩はありません。**自分の現在地がどこにあって、どこに向かって行くのかをはっきりさせないと、成長へとつなげることができないのです。**

(3) 他者からの評価

自分と向き合うことを避けていたり、意識的に向き合う時間をとっていたりしないと必然的に他者の評価が、自分の軸になっていきます。管理職・同僚・保護者・子ども・

SNS・パートナーからの評価やフィードバックをもらうのは決して悪いことではありません。けれども、それだけになってしまうと、他人に振り回されることになります。自分でつけた自信は揺らがないですが、**他人からの評価でつけた自信は、他人に簡単に奪われます**。だからこそ、きちんと自分と向き合って、自分の自信を揺らがないものにしておくというのはとても大切なことになります。他人からの評価だけでなく、自己評価をきちんとしておくことで、バランスよく自分のことを見ることができるのです。

（4）子どもの伴走者として

授業が終わると子どもにふりかえりを書いてもらうことがあります。一言でも自分を俯瞰してメタ認知する大切な時間です。けれども先生自身がメタ認知できていないと、子どものふりかえりも効果が半減してしまいます。子どもが、自分自身の視点からだけで物事を見ている場合に「こんな視点もあるよ」と高い視座からアドバイスをします。このときのアドバイスに必要なのが、先生自身が自分や教室のことをメタ認知できているということなのです。キングオブコントで優勝した「かもめんたる」というコント師がいます。岩崎う大さんという方がネタを書いているのですが、たくさんの若手芸人がう大さんのアドバイスを求めてネタをみせています。「う大脳」というYouTubeチャンネルでその様子が公開されているので、時間がある方は観てみてください。なぜう大さんのもとに、たくさんの人が集まるのか。それは、う大さんのメタ認知能力が高いからです。言われる言葉の一つひとつが、本質をついていたり、自分では気がつかなかったりする視点からアドバイスをもらえるので、たくさんの芸人さんが、その言葉を聞きたくて集まるのです。つまり、若手芸人にとってのう大さんになれるように、先生自身もメタ認知能力を高めていくとよいのです。

(5) 難しそうと感じた方へ

いきなりう大さんになれ！　と言われてもなれるものではありません。けれども、メタ認知が大切なのだなということが伝わったのであればうれしいです。そしてやってみよう！　と思った方に次のスモールステップをお伝えします。それは「その日にあったうれしかったこと・よかったこと・ありがとうと思ったことをペアでシェアする」というワーク。これは、ハッピー・サンキュー・ナイスという、クラス会議の最初にやるワークなのですが、これを帰りの会で毎日取り組みます。時間は1分もあればできます。全体共有の時間を取ったり、タブレットを使ったりして、そこに記入してから帰るというのも非常によいです。頭の中にあるうれしかったことをアウトプットすること。まずはそこからメタ認知が始まります。そして、ネガティブに傾きがちな脳をポジティブな状態にして、家に帰ることができるので、P循環が起こりやすい状態になります。子どもがやるだけでなく先生からも、ハッピー・サンキュー・ナイスを共有します。職員室でも、同じ学年部の先生たちと共有したり、家族で寝る前に話をしたりしてもよいです。

お母さんがお子さんに対して学校のことを知ろうと思って「今日学校で何かあった？」と聞く方がいますが、これでは子どもは「ない」の一言で終わってしまいます。何かある？と聞かれても特別大きな事件や面白いことが起こらない限り子どもからは話そうとは思いません。そうではなくハッピー・サンキュー・ナイスを夕食時や寝る前の恒例にしてしまうと、今日はこれを話そうと準備をすることができ、何かあった？　と聞いたときよりも反応はよくなります。

⑹　具体的に悩む

先生という仕事はどこまでいっても悩みはつきません。何年経験しても、これで完璧でだという1年が訪れることはありません。立場が上になれば少しは楽になるかと思い、管理職になった友人に聞いてみましたが、悩みはより一層深くなると言っていました。では、悩んでいることをメタ認知するためにできることはなんでしょうか。それは漠然と悩むのではなく、具体的に悩むということです。クラスでいじめが起こってしまい、雰囲気がよくない。なんとなくモヤモヤします。帰り道に悩むのは止めようと思っても、気がつくと頭の中を支配してきます。こんな日は早く帰って寝ようとしますが、どうしてもモヤモヤして寝つけません。結局朝まで浅い眠りが続いて、ぼーっとしたまま次の日出勤をします。結局何も解決していないし、眠れていないのでイライラしてしまい、子どもとの関係もうまくいかないどころか悪化していきます。ではどうしたらよいのか、それは悩みを書き出してみるのです。

教室の中で不安な顔をしていた子は、たかしくんとそうたくん。悲しそうな顔をしていたのは、かおりさんとめぐみさん。明日学校で話を聞くのはあきおくん。あきおくんにはいつから、いじめがあったのかどんなことがあったのかを聞こうとメモをします。それ以外にも、校長と教頭に、今自分が一番困っていることを相談すること。養護教諭にも空いている時間に教室に来てもらって、一緒に子どもを見てもらうこと。学年主任にもお願い

図9｜悩みを具体的な行動まで見える化していく（チャンクダウンする）

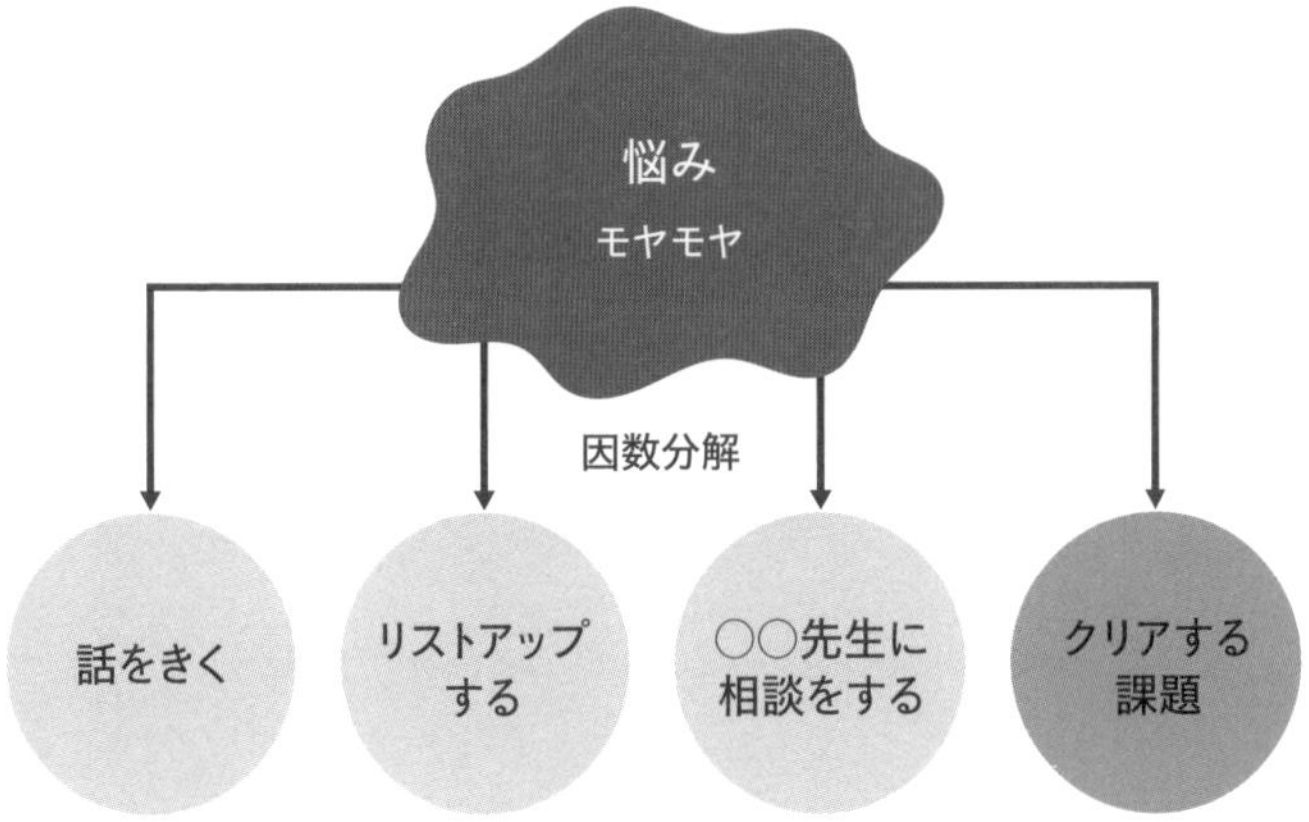

して、聞き取りをするときに同席をしてもらおうと、やるべきことや、できそうなことをメモに書き出しておきます。これもメタ認知の一つです。頭の中のモヤモヤをまずは書き出すこと。それを整理・分析して、スモールステップに落とし込むこと。このメモを持って教室に行き、できたことにはチェックをしていくことで、課題が見える化されて、悩みが具体的な行動にまで落とし込めます。大きなモヤモヤの塊だった悩みが、小さなまとまりのやることリストになるのです。こうやって、悩みをメタ認知することで、とるべき行動が具体的にわかります。翌日、できなかったものや思っていたのとちがうものを再びリストアップして、行動していくことで確実に

悩みは小さくなっていきます。**要するに悩みという大きなかたまりにしておくのではなく、因数分解して、悩みを一つひとつ小さくして潰していくのです。**

第3章

働き方をアンラーンする

タイムマネジメント

（1）時間は平等ではない

時間は毎日24時間。86400秒誰にでも平等にあると考えられています。どう使うかは自由であり、使わないとなくなってしまいます。ほとんどの人はこう考えていますが、半分正解で、半分不正解です。実は、**時間がある人は、どんどん時間が増えていくし、ない人はどんどんなくなっていくのです。**自分の周りにいつものんびり過ごしていて、ゆったり構えている。それでいて仕事もきちんとしていて、定時には気持ちよく帰っていく人はいないでしょうか。反対に、いつも「忙しい」が口癖で、慌ただしく動き回っているのに、何かしら仕事を抱えて、遅くまで残業を続けている人もいないでしょうか。きっと職員室を見てみると、どちらのタイプの人も何人か思い出すことができると思います。学校の中だと、前者は少数派であり、後者はたくさん見つけることができると思います。

時間が本当に平等だとすると、同じ時間であるはずなのに、なぜ前者の時間持ちタイプの人と、後者の時間がなくて焦っている時間貧乏タイプの人がいるのでしょうか。もちろん仕事の段取りだとか、処理スピードも関係しているとも言えます。ＰＣスキルが高いとか、人とのコミュニケーションスキルが高いとか、いろいろな要因もあります。けれども、それだけではなく、**時間に対する根本的な考え方のちがいが、時間持ちと時間貧乏を生み出しているとも言えます。**

(2) 時間貧乏になるには

とても簡単な方法が一つだけあります。それは「忙しい」を口ぐせにするのです。先生であろうと、サラリーマンであろうと、起業家であろうと、小学生だろうと「忙しい」を口ぐせにすると、一瞬で時間はなくなっていきます。時間貧乏になりたい人はぜひ毎日呟いてほしいです。忙しいという口ぐせが、見事に忙しい状態を生み出すのです。職員室の中を俯瞰してみると、面白いぐらいに「忙しい」を口ぐせにしている人ほど、時間が足りない状態になっていたり、新しく時間のかかる仕事が舞い込んできたりしています。脳の仕組みとして、「忙しい」を入力すると、「忙しい」を見つけてきます。ということは、反対に忙しいときほどあえて、「余裕です」「大丈夫です」「ゆとりがあるなあ」という言葉を意識的に使ってみるのです。

生徒指導主任と体育主任、労働組合の仕事と学年主任が重なった年がありました。山のような仕事を前に途方に暮れていましたが、この時間貧乏の考えを思い出し、夕方あえて校庭に出て、夕焼けを数分眺めてから再び自分の机に戻りました。すると、「報告書類をやっておきました」と若手の先生が、本来私がやるべき仕事を代わりにやってくれていました。それ以外にも、行事の立案計画も同じ学年の先生が去年のものから見つけてくれていて、「先生これ使えそうだと思って」と用意してくれていました。このように自分一人で「忙しい」と言いながら取りかかっていたら終わることのない仕事量だったものが、夕焼けを眺めていたことで、大幅に時間を減らしあっという間に終えることができました。もちろん普段から関係を構築しておくことは言うまでもありませんが、それだけでなく他者を全面的に信頼してみるというのも大切なポイントです。

（3）時間持ちになるには

自分で自由にコントロールする時間を少しずつもつようにしましょう。朝、10分早起きしてのんびりコーヒーを飲んでみたり、夜、湯船に浸りながらゆったりと読書をしたりしてみます。寝る前に、3分だけ瞑想をしてみます。1日わずか数分でいいので、**自分で自由にコントロールする時間を生み出してみます**。それだけで、時間の流れがまったく変わってきます。教師という仕事は、時間割があり、子どもは突発的にいろいろな問題が起こります。こちらが予定した通りに、物事が進まないことがたくさん起こります。週案に今週はここまで進めようと思って、計画をしていてもその通りになることの方が少ないです。結果大幅な予定変更を迫られ、せっかくつくった計画を再度立て直さなければいけなくなります。まずは、プライベートの時間で、**時間はコントロールできる**ということを体感します。それを毎日行うことで、教室の中でも少しずつ、その感覚が再現できるようになっていきます。

(4) 第2象限を大切にしていく　part 1

7つの習慣の考え方ですが、どうしてもやらないといけない仕事、命に関わること、子どもの危険に関わることを第1象限といいます。これは、誰でも1番に取り掛かるし、やらないと自分の存在を脅かすので、まずはそこから取り掛かかります。問題は次にやるのがどちらかということです、第2象限と第3象限があり、第2象限は自分を成長させるた

図10｜時間管理のマトリックス

重要度 ＼ 緊急度	高い	低い
高い	問題・課題の領域 **第1象限** すぐに実行しなければ、大きな損失が生じる ・危険、病気、事故 ・締め切りが近いタスク ・クレームへの対応	質の高い領域 **第2象限** 将来に向けた備えになる事 ・人間関係 ・事前の対策 ・自分磨き
低い	見せかけの領域 **第3象限** 無意味だが、やらなければならない事 ・無意味な電話対応 ・突然の来訪 ・重要ではない会議	無駄な領域 **第4象限** 楽しいだけで後には何も残らない事 ・暇つぶし ・SNS ・世間話し

めの時間であり、本を読んだり、講座に出たり、人にあったりして、自分をブラッシュアップさせる事象です。第3象限は、締め切りのあるそれほど大切ではない仕事です。学校でいうと大量の調査書類や対外向けの書類などです。誰も読まないような研究会などの紀要などもこの辺りになるかもしれません。第2象限と第3象限が目の前にある場合、多くの人は第3象限を優先してしまいがちです。もちろん仕事なのでとか、締め切りがあるからしょうがないじゃないという声もとてもよくわかります。自分も若いころは、間違いなく第3象限を優先してやっていました。時には、休みの日に出て行ったり、朝とんでもなく早く出勤したりしてカバーしているときもあり

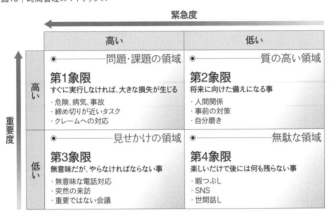

ました。けれども、**第3象限を優先しているうちは、一生時間にゆとりは生まれません。**毎日、馬車うまのように働いて、あっという間に年をとっていきます。楽しいこともなく、仕事に追われるだけの人生になっていきます。少し厳しいことを言いましたが、別に非難や批判をしたくてこれを書いているのではなく、みなさんに豊かになってほしくてこれを伝えています。ここでもアンラーンのチャンスです。ですからこのままでは嫌だと思う方は次に読み進めてください。

(5) 第2象限を大切にしていく　part 2

では、一体どうすれば第3ではなく、第2象限を取り入れられるのか。それは、**先に予定を入れてしまうのです。**これは自分を豊かにするなと直感で感じたものの予定は、先に入れてしまう。そうしないと、一生第2象限を入れる余裕は生まれません。**大切なことは、先に決めてしまうのです。**これはこの人にぴったりだと思う講座を人に勧めたとき、「行きます！」と即決する人と、「他の予定をみてから決めます」という2パターンに分かれます。もちろん、すべてを即決するのがよいという話ではありませんが、他の予定を気にしていると不思議なことに、他の予定がどんどん入ってきます。そうではなく、まずは「行

写真1｜子どもたちからの寄せ書き

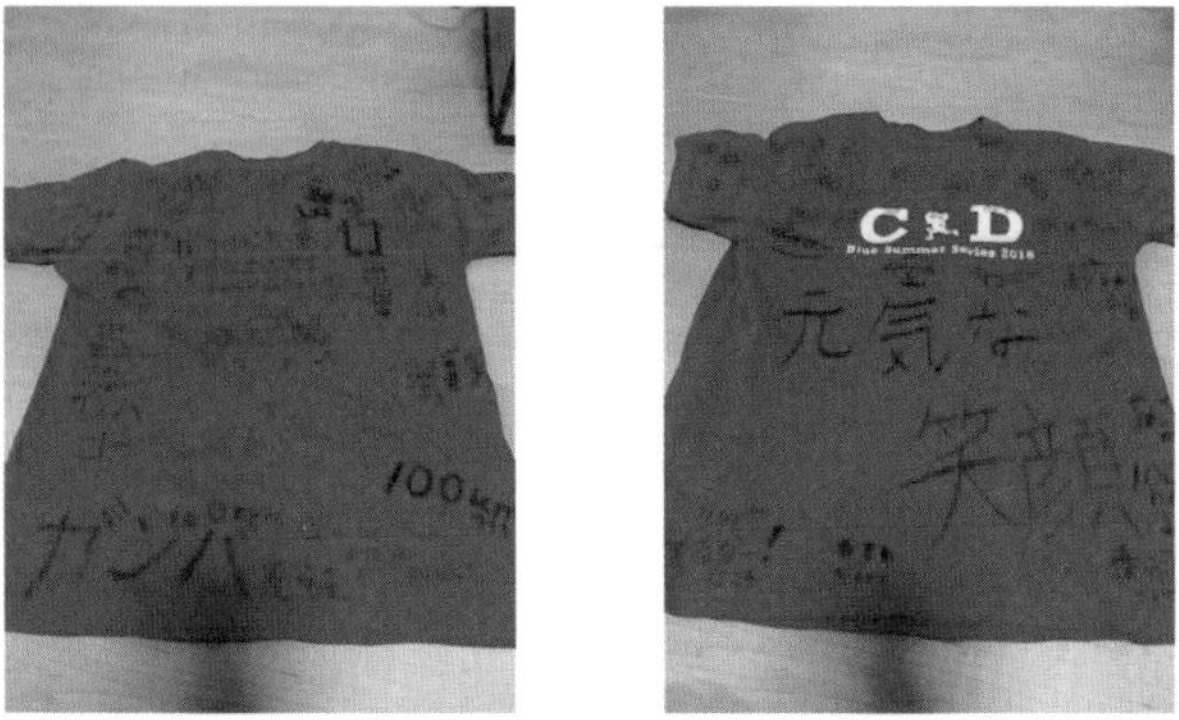

く！」と決めます。そうすることで、第3象限の仕事や予定は**不思議となんとかなっていくのです。**

数年前に100キロをただひたすら歩くというチャリティイベントがありました。夜通し歩くので、27時間寝ずに歩きます。土曜日の朝出発して、ゴールは日曜日の昼すぎになります。足の裏の皮がベロベロに剥がれ、次の日は筋肉痛が酷すぎて歩けません。小学校担任をしているときに、自分のメンターである先生から「やらないか」と誘われました。我が子も産まれたばかりで、子育ての真っ最中。初めての学年主任で、次の月曜日には学年全員を連れて、中学校にいくことも決まっていました。つまり、断る理由は山ほどあったのです。けれども、そのときの直感を信じて「行きます」と答えました。100キロを歩きながら、メンターである先生の生き様や考え方、マインドなどを吸収するほうを選んだのです。結果は大正解。身体は本当にボロボロになったし、奥さんや一緒に学年を組んでいた先生、子どもたちにもたくさん迷惑をかけましたが、そこで得た考え方は今でも自分の生きる指針となっています。あそこで断る選択ももちろんできました。けれども、行ったおかげで**人生は何倍も豊かになっているし、そこで得た経験を子どもたちにも還元できました。**100キロウォークの前日、Tシャツに子どもたちから寄せ書きをしてもらい、それを着て27時間歩きました。学級通信で、辛かったことや泣き言の数々。仲間やみんなの応援のエネルギーの素晴らしさについて書き、保護者からもたくさん声をかけてもらいました。ゴールした翌日の月曜日は歩けなかったので、保健室の車椅子を使わせてもらい、それをクラスの子がいっぱい押してくれました。これも一生ものの思い出です。

（6）第4象限の波

今はYouTubeやTikTok。Twitterやインスタグラムなど、気がつくと、楽しいけれど生産性の低い第4象限の波に飲まれてしまいます。もちろんすべてが悪いのではありません。

けれども、よほど意識して使わないとどんどん時間を浪費していきます。脳は楽をするのが得意なので、無意味で無益なコンテンツにすぐに流されてしまうのです。それを、動画をつくる側もプラットフォーム側もよくわかっているので、沼にハマるように設計されています。見ている人の興味がありそうなものを次々と提示し、どんどん泥沼にはめていきます。そうすることで収益を生み出しているので、必死に設計します。それをわかったうえで使っていかないと、気がついたときには、本当に大切なものを失っているなんてこともよくあります。

(7) 世の中の時短術

本屋に行けば、時短術の本はたくさんあります。ハウツーもたくさんネット上にあふれています。けれども、本当の意味で時間を生み出す意味や意義を考えないとただのノウハウコレクターになってしまいます。それではせっかく時短術を身につけてももったいないです。**時間を生み出して豊かな人生を歩みたいとか、なんのために時間を生み出すのか。**まずはそこをしっかり考えたうえで、取り組んでいけるといいですね。第1と第3象限は、放っておくと向こうから勝手にやってきます。自分の時間を生きていないことになります。

だからこそ、第2象限を前もって自分から入れていきます。そして、成長には成長痛が伴います。時間やお金をかけて学ぶからこそ、自分のものになります。無料でたくさん学べるからこそ、有料のものに価値が生まれます。時間をかけずに、インスタントに学べる時代だからこそ、こうやって読書に時間を費やしたり、人に会うために何時間もかけて学びに行ったりすることの価値が跳ね上がります。**いつの時代にも、人があえてやらないことにベット（賭ける）することで、世の中から必要とされる人になれるのです。**

けれども第2象限だけで埋めてもつまらない人生になります。第1象限から第4象限まで、すべては人生の大切なイベントです。けれども、今、第3・第4が多いなという人は、意識的に第2を増やしてみてください。たった1ヶ月でも意識して過ごすことで、驚くほど人生の濃さが変わり、自分の生きる意味や意義を再確認できると思います。

（8）時間の効率性と効果性

先生たちの仕事量はとても多いです。4月は本当に大変で、というか1年を通して大変じゃないときは夏休みと冬休みぐらいです。教員向けの時短術の話や、ライフハックの本がたくさん出ています。そしてそういう本が売れるのもよくわかります。自分も教師向けの本にたくさん助けられてきました。たとえば、夕方に残業するよりは、朝早く出勤して誰もいない職員室で仕事をする方が何倍も効率的だし、仕事は捗ります。しかし、こういった本に書いてあるほとんどは、スキルでありテクニックです。どうやって仕事を圧縮するか、生産性の高い仕事をするかが書いてあります。スキルやテクニックももちろん大切です。けれども**もっと大切にしてほしいのが、「効果性」です。**家からディズニーランドに行こうとします。どの道を通るのか。高速を使うのか新幹線を使うのかを考えるのが効率性です。そうではなくて、そもそもディズニーランドになぜ行くのか、本当に行きたいのかを考えるのが効果性です。そもそも向かう方向が合っているのかを考えるのです。

たとえば、学級通信を書くという業務ひとつをとっても、「なんのために書いているのか」を考えてから書くのと、他のクラスが出しているからといって盲目的に書いているのでは、1枚にかける思いがちがいますし、受け取る子どもや保護者にとっても意味合いが変わってきます。テストにしても、学年で買ったからやらなきゃしょうがないというのではなく、子どもに力をつけるためにやろうとすると、実施の仕方が変わってきます。こうやって、**教室の中の営みを一つひとつ噛み砕いて、本当に必要なものなのだろうか、これをやることでどんな力が子どもにつくのかを、自分なりに言語化してみます。**一人で考えてわからないものは、色々な先生に相談してみると、自分だけでは見えていなかった視点がわかり、意味や意義がはっきりしてきます。高学年であれば、学級開きのときにロッカーや下駄箱に一つひとつ名前を貼っておくのが良いのか悪いのか。もちろんどちらにもメリット・デメリットはありますが、学級開きの準備はこういうものだからといって、やらなくてもいいことまで先回りしてやってしまっていないか、子どもたちにつけたい力を奪っていることにならないかを考えたいです。時短術やライフハックといった、スキル・テクニックの土台となるマインドが効果性になります。まずは土台を固めて、その上にスキル・テクニックを乗せていくことで、さらに立派な建物が建つのではないでしょうか。

令和型アンラーンした教師

(1) 先生らしくない先生

私自身、いわゆる先生らしい先生ではありませんでした。YouTubeを使って発信をしたり、Twitterも本名で行い、保護者からチャンネル登録をしてもらったり、ツイートを見てもらったりしてきました。別にそうするのがよいという話ではなく、メリットがあると感じたので、外向けの発信を続けてきたのです。

「Twitterを本名でやっているというと、「怖くないですか？」とか「管理職に注意されたりしないですか？」と聞かれます。炎上したことがないわけではないですし、数回管理職から注意を受けたこともあります。けれどもそれは至極真っ当な理由であったので、どちらも納得したうえで、反省しました。Twitterで発信することで、**この先生はこういう考え方をもっていると保護者に知ってもらえるのは非常にありがたいこと**です。関係をつくる前に、自分のことをある程度知ってもらっている状態からスタートするのです。私自身も、いち保護者としてわが子の担任の先生と接します。学級通信などで、思いを表現してくれる先生であればどんな先生なのかを知ることはできますが、通信を出さない先生だと知る手段は少ないです。コロナの影響で参観なども制限されていることが多いので、先生が何を考えているのか、何を大切にしているのかがこちらに中々伝わってきにくいです。そうすると、子どもから聞いた話、周りの保護者からの評判でしかその先生を知ることができません。当然のように、子どもたちは自分に都合のよいように話をするので、先生に対し不信感をもってしまうことも正直あります。それを解決する方法として、FacebookやTwitterで普段から、思いや考え方を表明しておくことも一つの方法です。

（2）10年後の先生

今は匿名アカウントで発信している方も多いですが、10年後にはきっと、履歴書のようなものは廃止され、自分のログ（GoogleアカウントやTwitterアカウント）ですべて管理されるようになるのではと思います（あくまで自分の想像ですが）。そうなると個人情報はどうなるの！　という危惧ももちろんありますが、それ以上に性的嗜好などもすべて筒抜けになるので、児童性愛者が教員になることを防ぐことができます。これは、教員にも国にも保護者にもデメリットよりもメリットの方がはるかに大きいのではないでしょうか。そういう未来が訪れると、愚痴や文句をTwitterで吐き出すのではなく、建設的な意見やこうしていくとよいといったものがより主流になっていくと考えられます。もちろん変えなければいけないシステム上のエラーや、教員個人のがんばりによってカバーしてきたものは根本から変えていけるとよいです。抜本的に大きくシステムを変えていかなければ、公教育自体が瓦礫のように崩れてしまうのではないかと危惧もしています。今のようにがんばっている人が報われない、がんばっている人にどんどん仕事が偏る。手を抜いている人がどんどん楽になっているシステムではやはりうまくはいきません。外国のように年に数ヶ月という長い休みがあったり、15時には帰宅できるシステムに緩やかに変化していったりすることを願っています。子どもと向き合う時間を確保しながら、先生にもゆとりができること、10年後には色々な働き方を選べるようになっていけるといいですね。

（3）公務員だからこそ

公務員ということで、実は非常に守られている存在です。私立にいったからこそ感じたことですが、よっぽどのことをしない限りクビになることはないです。だからと言って、何をしても許されるということではないですが、**もっと思いっきり自分のやりたいことやってみてもよい**と思います。私の場合、クラス会議をとことん追究し、どんな学年をもっても、どんな状況であってもやり続けました。学年で足並みを揃えようと言われることや、学校としてやんわり止めるように言われることもありましたが、こっそりと続けました。クラス会議を自分の中心として据えたのです。学級通信を書かないように言われることや、成長ムービーをつくらないように言われることもありました。けれども、通信ではなく、思いを伝えるために連絡帳にミニ通信を貼ってみたり、ムービーではない形で、子どもたちの成長を伝えたりすることもありました。つまり、**方法は無限大ということです。一つの方法を禁じられたとしても、どうしたら実現できるか、どうしたら子どもたちの成長につながるかを考え、その中でできる方法を見つけていきます。**なんのためにやるのかという本来の目的を見失わなければ、あとは実現可能な方法を実行していくだけなのです。

（4）点と点が線になり、やがて1枚の織物になる

1年ほど前に、小学1年生で担任していた新君(あらた)と約10年ぶりに再会しました。Twitterで私の名前を見つけてくれて、DMを送ってくれて、「ご飯行きましょう！」と声をかけてくれました。それだけで充分感動ものでしたが、話はまだまだ続きます。新君は十七歳になり学校法人角川ドワンゴ学園N高等学校に通っていました。仕事のこと、学校のこと、昔の思い出、懐かしい同級生たちの話、恋の話。他愛もない話の数々が、本当に人生に彩りを与えてくれていることを感じる時間でした。

新君は小学1年生の時点で、少し学習に困っていました。お母さんもとても心配していましたが、「彼なりの成長をするから大丈夫ですよ」という話をしたのを覚えています。

新君の両親が山形の鶴岡出身であり、私の妻の祖母の家があることから、わが家も毎年夏に遊びに行っていたので大いに話が盛り上がり、お母さんとも一気に仲良くなりました。小学5年生で再びその学年を担当することになりましたが、私は残念ながら隣のクラスの担任になりました。

その後、新君は中学校へ進み、自分はちがう学校へ異動しました。彼が中学3年生のときに市内の研究発表会が新君のいた中学校であり、成長したみんなの姿を見に行き、目を丸くしました。小学1年生から中学3年生への成長はすさまじく、英語で「未来の車の姿」をディベートしている子どもたちを見て心の底から喜びました。

その後、しばらくすると新君が学校に来ていないという連絡をもらい、気になっていた自分は、新君の家に足を運びました。彼は不登校になり、自分の部屋でゲームばかりしている生活。自分が行ったときはかろうじて玄関先まで顔を出してくれました。そこで、「学校は行かなくて大丈夫！　長い目でみたら必ず笑い話になるから！」っていう話をしたのを覚えています。お節介かなとか、驚かせるかなとか、いろんな思いがグルグルしていましたが、結果として行ってよかったと感じていました。

それから数年が経ち、今度は新君のお父さんから連絡をもらいました。「地元にカフェバーのお店を開くことになりましたので、ぜひ来てください」と言われ、早速店に顔を出しました。生き生きと働く新君の姿があり、本当にうれしく感じました。キッチンリーダーとしてとてもいい顔で働いていました。「一番得意な料理を出して！」とオーダーをすると、きれいに盛り付けられたドライカレーを出してくれました。小学校1年生からのいろんな思い出がこもったその味は、なんと表現してよいのかわからないぐらい、胸に込み上げるものでした。そこの店で一緒に働く翼くんは5年生のときに担任をしていた子であり、翼君にはコーヒーを淹れてもらいました。「こんなに美味しいランチは食べたことがないな」と思うほど感動をし、その味は一生忘れることのできないものになりました。

別にこのエピソードを自慢したいわけではありません。もちろんうれしい気持ちや、誇らしい気持ちもありますが、伝えたいのはそんなことではなく、一つひとつの話は、点で見ると大したことではないかもしれないということです。

○1年生のときに担任した子が、学習が苦手であった。
○5年生で同じ学年をもつことになったが、隣のクラスの担任であった。
○中学3年生のときに、研究発表会を見に行き成長を感じた。

◯中学校にほとんど行けていないことを聞き、たまたまお母さんと仲良しだったので家に様子を見に行った。

◯高校生になり、Twitter経由で再会した。

◯通信制高校に通いながら、飲食店をやることになりそこに食べに行った。

◯教え子がつくってくれたドライカレーとコーヒーがとんでもなく美味しかった。


これを点でとらえるのではなく、線でとらえる。そして、その線がやがて織物になっていくことまでを想像してみます。これが先生という仕事の最大の魅力であり、やりがいなのではないでしょうか。一つの授業がうまくいったとか、教室の中で素敵な出来事が起こったとか。もちろんそれも魅力の一つでありますが、この織物の魅力に比べると、やはり小さく感じてしまいます。「一度関わった子どもとは、一生付き合うつもりで教壇に立つ」この覚悟があるかないかで、この仕事の魅力は大きく変わっていきます。令和型の教師は、給与や勤務条件以外の所にも魅力を見つけるといいですね。

（5）自分には価値があると信じる。伝える。

あなたには価値がありますか？　そう聞かれて「はい！」と即答できる先生が何人いるでしょうか。自分には本当の意味で価値があると、信じることができると、子どもにもそれを伝えることができるようになります。今までいろんな先生と関わる機会がありました。その中の多くの先生の口癖は「がんばります」でした。つまり、がんばれない自分には価値がないと思い込んでいるのです。もちろん努力しなくてもよいとか、がんばらなくてよいという話ではありません。そうではなく、**がんばらない自分には価値がないと思っている先生は、がんばらないといけない子どもを育ててしまうのです。**そうではなく、がんばらなくてもあなたには価値があり、魅力があること。そのままで充分であるということを伝えられる先生を増やしていきたいと願っています。つまり、**先生が自分のことを、そのままで価値があると心の底から思えているということ**です。「存在給」という考え方があります。これは、存在しているだけで価値があるので、特別何かを生み出さなくても、給料が発生しているという考え方です。たとえば、子どものころにもらったお年玉。特別に何か働いているわけでもなく、何かを生み出しているわけでもない。けれども、正月がくるとなぜか親戚からいただける素敵なシステムです。これがまさに存在給です。もちろん先生という業務を行うこと。担任として責務を果たすことももちろん大切ですが、その一方で、**存在給の考え方を心から理解することで、まずは自分に価値があるということ、そして子どもに価値があることや存在しているだけでよいことを伝えられる**ようになっていきます。

(6) 足かせを外していく（修行体質・世間体体質・分離体質）

めちゃくちゃがんばっているのに、なかなか結果が出ない先生。すごく軽やかに仕事しているのに、スイスイ結果を出していく先生。**その大きなちがいの正体は、実は「足かせ」にあります。**先生の仕事における結果とは何かは定義しにくいところでありますが、その先生が望んでいる結果ということにして話を進めます。子どもの成長や先生との関係性かもしれないですし、クラスの成熟度かもしれないです。人によっては学力をつけることを結果ととらえる先生もいます。足かせの正体は、**小さなころから築き上げてきた思い込みです。**足かせが大きい人ほど、がんばってもなかなか結果が出にくいようになっています。

次の項から、足かせの正体を一つずつ紐解いていきます。

○修業体質

毎日ヘトヘトになるまでがんばっているS先生。もっている力のすべてを発揮し、朝は早くから夜は遅くまで仕事をして、家に帰って倒れるように寝ています。毎日十の力で働いています。この先生が抱えているのは、修業体質であり、そこが大きな足かせになっています。日々全力で子どもと向き合い十の力で働いていますが、がんばらなければいけないという足かせ（修業体質）があるので、八の力が差し引かれてしまいます。肩に力が入り、どんなことにも全力です。人に頼るのが苦手なので、すべて自分一人でやろうとします。十マイナス八なので、二という結果が出ます。

一方でいつも楽しそうに仕事しているM先生。ほどほどに余力を残しながら仕事しているので、八の力で働いています。子どもが登校してくるのに合わせて通勤し、子どもたちが帰って少し経ったら帰っていきます。帰ってからは、自分の時間として趣味のフットサルをしたり、映画を観たり読書をしたりしています。がんばらなくてはいけない（修行体質）の足かせがほとんどないので二とします。八の力で働き、二の足かせしかないので、八マイナス二で、出る結果は六になります。S先生はギリギリまで身を粉にして働き、結果は二。M先生は余力のある働き方をして、結果は六。S先生とM先生を比べてみると、楽に働いているM先生の方が3倍の結果を出していることになります。

○世間体体質

人からどうみられているか、人からの評価ばかり気になって、自己評価がない体質です。これも大きな足かせになります。いつも人目を気にして、管理職や保護者から何か言われないかビクビクしてしまいます。そして、人から褒められればOKで、注意されたり指摘されたりすると私がダメなんだと極端に落ち込みます。自分に自信がなく、自己評価も低いので、どこかオドオドしてしまったり、注意されたりすると逆ギレをするときもあります。もちろん過剰な高い自己評価もまずいですが、**自分のしていることにある程度自信をもつことや、正当な自己評価をしていくことは、自分の成長にも繋がります。**文章を書いたり、授業をしたりする中で、自分がよいと思わなければ、人に伝えることも難しくなります。そのうえで、人から言ってもらえるアドバイスを受け入れ、さらに成長に繋げることも大切になっていきます。

以前勤務していた学校で、3月に毎年お別れムービーをつくっていました。しかし、これをつくれる先生と、つくれない先生がいるのは問題であるとなってしまい、一律で禁止されることになりました。おかしいなと思いながらも、当時は若かったのもあり、つくるのをやめてしまいました。学校にはこういうおかしな不平等がよくあります。しかしよく考えてみると、ピアノが上手な先生・字を書くのが上手な先生・話が上手な先生など、特徴をあげたらキリがないです。ムービーをつくるのが上手な先生はそれで勝負すればよいし、ピアノが上手な先生は、クラスの歌をつくってもよいです。全部低い方に合わせるのではなく、それぞれの強みが発揮できるよう、調整したりチームに声かけしたりすればよいのではないかと思います。一人として同じ子どもはいないように、一人として同じ先生はいません。**子どもに個性を伸ばそう、強みを見つけようというのであれば、先生たちも自分の強みを発揮できる組織**にしていきたいですね。そして、世間がどう思うかの前に、自分がどうありたいか。自分がどうしたいかを考えられるようにしていけることで、もっと働きやすくクリエイティブな仕事になっていきます。

○分離体質

カリスマや尊敬している人を極端に崇めすぎる体質です。世の中ですごい！　と言われている人を尊敬して憧れるあまり、ずっとその人を追い求めます。もちろんメンターや師匠と言われる人のそばにいて、考え方や生き方を学ぶことはとてもよいことです。けれども、憧れすぎるあまりその人になろうとしてしまうと危険です。象はキリンになれないし、その逆も然りでキリンも象にはなれないのです。近づけば近づくほど、対象とのちがいを色濃く感じるので落ち込みます。本を読んだり講座に出たりして、自分の中にあるものを成長させようとするのはとても大切ですが、**自分ではない何者かになろうとすると苦しみを生みます。**

とはいう私も、若いころに金大竜先生に憧れました。どんなに荒れたクラスも金先生が担任すると、きらきら子どもたちが輝き出す姿を目の当たりにして、あんなふうになりたい！　と心底感じました。数年間、地元愛知で講座を主催し、大阪まで行っての金学級の教室見学もさせてもらいました。けれども、どれだけ学んで真似しても、決して金先生にはなれないことに気がついたのです。近づけば近づくほど、存在の大きさや考え方・生き方のちがいに圧倒されるばかりで結局自分は自分の道を追求しようと決めました。

インフルエンサーと言われる人の近くにいると、自分も偉くなった気持ちになります。**真似をすればよいので考えなくてよくなります。**外から得よう得ようとしていると、結局自分が何者かわからなくなります。そうではなく、自分の中にあるものを成長させるために学ぶこと。人と出会うことで、カリスマのモノマネをしなくても、自分らしさを見つけることができるのです。

（7）見えないものを信じるチカラ

あなたは見えないものを信じることができますか？　そう聞くと「よくわかんないなあ」という人も多いと思います。では、正月に初詣に行きますか？　と尋ねてみると「行く」という方が増えるのではないでしょうか（もちろん信仰のちがいがあるので行かないという方もいるでしょう）。では、お墓に先祖供養に行ったり、実家に仏壇や神棚があったりするという方はどれくらいいるでしょうか？　何が言いたいかというと、これらはすべて見えないものに想いを馳せる時間であるということです。

私の中学時代の親友は高校1年生の春にバイクの事故で亡くなってしまいました。当時は、現実を受け止めることができず、亡くなった遺体を目にしても信じられませんでした。その後行われた、通夜や葬式では、お寺の住職さんが読むお経に対し「お前らに何がわかるんだ！」と勝手に腹を立てて許せない気持ちになっていました。けれどもそれから25年が経ち、毎年命日には、友人のお墓に1年の経過報告をしに行っています。結婚したとき、子どもが生まれたとき、人生において辛いことが起こったとき、そのお墓に行くことで親友に会える気がして、年に数回足を運びます。そして、その友人はずっと自分のことを空から見守ってくれていると信じています。40年生きていると、色々なことが起こります。うれしいことも、悲しいこともたくさん経験してきました。一つひとつを味わいながら、一つひとつを乗り越える度に、その友人が一緒にいてくれると勝手に信じています。大切なことは、実際にその友人が見守ってくれているかどうかという事実よりも、見てくれていると勝手に信じるということです。目に見えるものは、それがなくなったときに動揺しますが、**目に見えないものは、自分の心の中にあるので、いつまでもなくなることはありません。**たとえば、お金が1億円あれば幸せと信じている人は、1億円なくなった瞬間に幸せではなくなるのです。そうではなく、心の中に友人を住まわせて、何かあれば相談してみたり、頼ったりすることができることで、心がとても安定します。誰にも邪魔されないところなので、居なくなることもないし、誰かに何かを言われる心配もありません。家の中に神棚を飾ったり、仏壇に手を合わせたり、氏神様にお参りに行ったり、教師として子どもたちにそれを勧めることはできませんが、自分が信じるものを信仰したり、心の中を安定させるために取り入れることは、まったく問題ありません。**教師の仕事は感情労働**

なので、とても心が疲れやすい仕事です。子どもの気持ちや、保護者の願いを汲み取ろうとすればするほど、自分の心が疲弊してしまう先生も多いです。休職者の数も年々増加を辿っていることからも明らかです。では、どうしたらよいのか。それは自分の心をまずは安定させるということです。そのために目に見えないもののチカラを信じてみる。それを使って心を安定させることは、子どもたちのためにも、実はとても大切なことなのです。

第4章

子どもと一緒にアンラーンする

ポジティブディシプリンが目指すもの

（1）ポジティブディシプリンとは

アルフレッド・アドラー博士が子育てと教室で行った考え方について、ジェーン・ネルセンが自費出版でまとめた考え方です。「肯定的なしつけ」と訳されます。子どもたちに良い子や悪い子は存在しておらず、**良い行動と悪い行動があるという考え方**です。良い行動に着目しそれを強化していくことで、悪い行動を減らし、良い行動を増やしていこうという極めてシンプルな主張です。子どもたちが尊敬をもって扱われ、人生で成功するための必要なスキルを学ぶ機会を得ます。失敗しても屈辱的な経験をすることなく、安心・安全な環境の中でリカバリーすることを学びます。競争ではなく協力の中で、子どもと教師が力を合わせるためのスキルを手に入れます。ゴールは、子どもが幸せに生きるためのスキルとマインドを学ぶことで、社会に貢献できるようになっていくことです。これを目指すのがポジティブディシプリンの考え方です。

優れた教師は、子どもを子ども扱いせず、一人の大人として対等に接します。子どもたちをロボットのようにコントロールするのではなく、素晴らしい考えをもったかけがえのない存在としてみるのです。そこには相互尊敬という考え方があります。相互尊敬とは一方通行ではなく、お互いに耳を傾け、真摯にお互いを理解し、全体の利益のために手を取り合って問題を解決する。そんなやり方を、教師が認めることででき上がります。教師はオールマイティーである必要はなく、協力と貢献のスキルを子どもにも伝え、自らも助けてもらえばよいのです。**教師と子どもが相互尊敬の存在であれば、教師は子どもをコントロールできているふりをする必要はありません。**ここをどうしても勘違いしてしまうことが多いのです。先生が完璧でなければいけない、すべてできないといけない、知識をもっていないと笑われる、こういった思い込みを取り払うところから始まります。

ポジティブディシプリンのクラスを創り上げることは、

○思いやりと断固とした決意があること
○相互尊敬に基づいていること
○教師同士が結びつき合い共に問題解決に向けて動くこと

◯定期的にクラス会議を開くこと
◯支持的なフィードバックによる勇気づけを用いること

などが相互に関連し合いながら創っていきます。

その中でもクラス会議は、中心的な役割を果たし、子どもが起こすほとんどの問題行動を取り除いてくれます。クラス会議に参加することによって、自分がクラスの一員として重要な存在であると経験した子どもたちは、不適切な行動をとる必要がなくなるのです。

不適切な行動をとると、つい教室の外に原因を探しがちですが、クラス会議によって問題が取り除かれることがほとんどです。**お互いに助け合うことが、本当の意味で重要であることを学ぶからです。**非常によくあることですが、子どもが教室で困難を抱えると、原因はその子の内側にあり、学習障害や発達障害を疑われます。もしくは、原因は家族にあるとされることもしばしばです。子どもはスクールカウンセラー、小児科医のもとに送られ、特別なプログラムを受けることで、これらの問題が解決すると考えられることがほとんどです。また、投薬による治療をしたり、別室で授業を受けたりするなど、問題を取り除くことに主眼が置かれがちです。ほとんど問題は、その子だけにあるのではなく、教師と子どもや、子ども同士といった関係性の中で、生み出されます。ですからその子だけを取り除いたり、問題を押しつけていたりしてはいつまで経っても改善していきません。もちろん学習障害（読字障害や書字障害）などには適切なサポートが必要ですが、問題行動と言われるほとんどのものは、クラス会議を通じて、解決していくことは可能です。私自身、教室においてクラス会議を実践することで、様々な問題をクリアしてきました。

（2）不登校をクリア

以前担任した子の中で、夏休み明けから突然学校にこられなくなってしまったAちゃんがいました。友だちも心を痛め、担任である私も手を変え品を変え、なんとか登校できるようにアプローチしてみました。けれどもかえって、これがAちゃんにとって負担になってしまいました。そこで、しばらく働きかけをするのをやめてみました。するとAちゃんは「先生は私に学校に来てほしくないのかな」と感じてしまいました。一体どうしたらよいのだろうと、管理職の先生に相談したり、保健室の先生やスクールカウンセラーさんにも一緒に考えてもらったりして、Aちゃん自身も相談に乗ってもらいました。なかなか状況が改善しない中で、お母さんも毎朝必死に校門まで連れてきてくれて、調子がよいと昼まで過ごし、調子が悪いと朝そのまま顔だけ見せて帰る日も続きました。Aちゃんの訴えは「給食の匂いが気持ち悪い」とのこと。そこで、給食は保健室で食べるとか、別室で食べるなどの対策を考えて提案しましたが、受け入れられることはありませんでした。そんな一進一退が続く中で、一番仲のよい友だちのBちゃんがクラス会議でAちゃんのことを話し合いたいと申し出てくれました。議題提案箱に「Aちゃんがどうしたら学校に来れるか」というテーマを出してくれました。そこで、クラス全員で解決策を考えました。

【出てきた解決策】

○男子と女子が別に給食を食べる
○男子がゲップをしない
○ゲップが出そうになったら隣の教室へ行く
○Aちゃんだけはどれだけ減らしてもよいことにする
○Aちゃんは保健室で食べる
○グループを好きな子同士にする

Aちゃん不在の中で、どれが正解であるかわからない状態であり、どれも相応しい解決策であると感じたので、話し合いをした結果の黒板を写真に撮って、Aちゃんに渡しました。話し合いをしてくれたみんなにも、真剣に話し合ったこと、一生懸命解決策を考えたことが先生もうれしかったし、Aちゃんにもその気持ちがきっと伝わることを話しました。

次の週たまたまAちゃんは教室の中に来ることができていました。クラス会議が始まる少し前に「悩みを相談してみる？」と聞くと「うん」と答えました。そこでAちゃんから「給食のにおいが苦手」という議題が上がりました。全員で話し合うのは辛いと言ったので、小グループに別れて、いくつかの議題をそれぞれのグループで話し合いました。Aちゃんのグループは、前の週と同じような解決策をいくつか出し、Aちゃんは給食を減らすという解決策を選びました。

驚いたのは次の日、何事もなかったかのようにAちゃんは朝から登校することができました。心配していた給食も、楽しそうに食べていました。念のために給食の前に「食べられる？　減らしてもいいよ」と声かけをしましたが、結果的にまったく心配無用でした。もちろんクラス会議だけで解決したわけではありません。家の人もとても心配してくれて、心を寄せていたし、仕事を調整して何度も学校に来てくれていました。クラスの友だちも一生懸命話し合ってくれたり、Aちゃんに手紙を渡してくれたりもしていました。**いろんな要因が複合的に作用した結果、最後のピースをはめてくれたのがクラス会議だったというわけです。**

（3）イライラは伝染する

子どもと接していると、教室でも、家庭でもイライラしてしまうときがあります。何度言っても同じことをしたり、「わざとやっているのでは？」と思うぐらいイライラさせる行動をしたりするときがあります。イスを傾けて座ったり、鉛筆で机にコツコツ音を鳴らしたり、同じ子に対して何度も嫌がらせをしたり、机に落書きをしたりします。あげ出すとキリがないですが、子どもがわりとよくやる行動です。もちろんイライラしてもいいことはないので、冷静にやめることを伝えたり、廊下に呼んだりして話をしますが、数時間後にまた同じことをしています。これが何度も、何日も続くとやはりイライラしてしまいます。そのイライラしている状態で子どもに伝えても、まったく伝わりません。**イライラしていることは伝わりますが、こちらの真意は全然伝わりません。**それどころか、自分のイライラが伝わり、子どももイライラし始めることもあります。

図11｜理性と前頭前野の状態

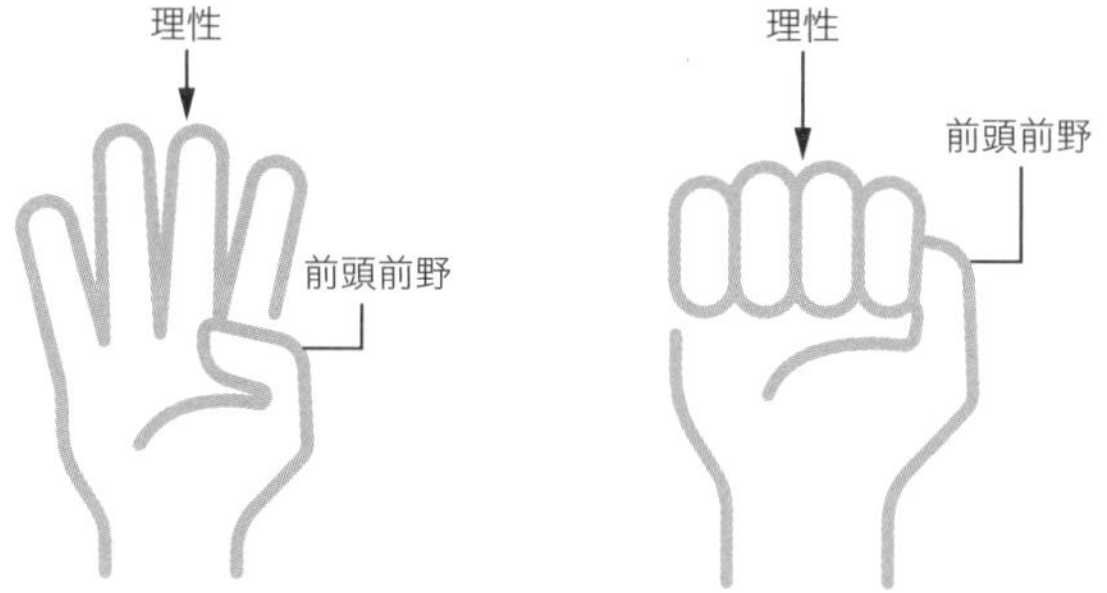

上の図を見てください。脳の状態を、簡単に手を用いて表したものです。前頭前野といわれる部分は、普段は理性によってフタをされています。理性があるので、イライラしたり怒ったりしないのです。けれども、キレやすくすぐに怒る人というのは、前頭前野にかぶさっている理性が吹っ飛んでしまい、本能むき出しの状態になっています。この状態で、何を伝えても、どう話しても「この人は怒っている」という気持ちしか伝わりません。子どもは恐怖感を得るので、一時的に言うことを聞いているフリをしますが、本当の意味では理解していません。恐怖に対し、反抗するか逃走しようとするので、反対に怒り出したり、なるべく早くこの状態を脱したりしよう

と、従順なふりをしたりします。

脳の働きでもう一つ、ミラーニューロンという働きがあります。目の前の人があくびをするとあくびがうつるように、イライラも伝染します。ぱかっと理性のフタが取れてしまっている状態の人が目の前にいると、子どもも同じようにパカっと理性のフタが開いてしまいます。この状態で子どもと向き合っても、よいことにならないのは想像に難しくないです。**理性のフタが開いてしまったときには、「ポジティブタイムアウト」を使います。**少し別の場所に行ってクールダウンをするのです。脳のイライラを治めてから、話をします。怒りに任せて伝えるのではなく、本当に伝えたいことを伝えられるようにします。伝えたいのは怒っていることではなく、あなたの行為に困っている人がいることを伝えたいのです。だからこそ、冷静になれる時間「ポジティブタイムアウト」を使うのです。

子どもにも「ポジティブタイムアウト」を教えておくのもよい方法です。子どももイライラしてしまったときには、心を落ち着けることを学ぶものです。以前勤めた学校には、教室にヨギボーというソファークッションがあり、図書館にはハンモックが設置されていました。子どもたちは、授業中でもそこでのんびりリラックスをして心を落ち着けていました。こういう場所をお互いに確保しておくことで、イライラを撒き散らすことが減ります。自分がイライラするのも、人がイライラしているところも見るのもできるだけ少ない方がよいです。けれどもイライラしてしまうことがあるのが人間です。ですから最初から、**イライラしたときには「ポジティブタイムアウト」をとるという約束を子どもとしておくこと**で、お互いに気持ちよく過ごせる環境をつくっていけることになります。

（4）クラス会議は自我を消滅させる

自我とはこうするべきであり、この方法が正しい、あの人は間違っている、これが幸せであるというこだわりが強く、「こうあるべき」が強い状態を自我が強いと言います。もちろん必要なものもありますが、その中の多くは、自分や周りを苦しめることになり、よい結果を生むことが少なくなります。学級経営でいうと、理想のクラスに向けて努力をしていくことは悪いことではないですが、その方向に向いていないことにイライラしたり、子どもに対し寛容になれたりしない状態は決していい状態であるとはいえません。**子どもも一緒で、「こうするべき」が強いと周りとぶつかることが多くなり、どんどん孤立していくことになります。**いつもイライラしているあの子とは仲良くしたくないと思えるのは極めて普通の感覚です。以前担任した子の中に「蚊を殺してはいけない」と思っている子がいました。昆虫カタストロフィといって、蚊を殺してしまうと人間が生きられなくなるという情報を知り、そこから「蚊を殺すと人間が生きられなくなる」と思い込みはじめました。もちろんそういった状況があることや、主張があることは悪いことではありません。そして、それに従って自分が生きていこうとするのも全然OKです。けれども、だからといって、蚊を殺してしまうクラスメイトに向かって、イライラしたり、「間違っているよ！」と言ったりするのは少しちがいます。**いろんな考えの人がいる中で生活していくのが、学級であり学校であり社会なのです。そこで折り合いをつけることを学んでいくことが必要なのです。**そこでこのA君は「蚊を殺さないでほしい」ということをクラス会議の議題として提案しました。最初、みんなは何を言っているのだろうという顔をしていましたが、A君が熱を帯びて昆虫カタストロフィについて語るので、意味は少しずつ理解することができました。けれども蚊に刺されるから嫌だというB君の主張や、自分たちだけ蚊を殺さなくても、日本中の人が殺しているから意味がないといった主張のC君も現れました。どの意見も間違っていないし、私が聞いても「なるほどな」と思えるものばかりでした。結局、蚊を殺さないというA君の主張は採用されませんでしたが、A君は割と満足そうな表情でした。これは、みんなが蚊を殺さなくはならなかったけど、昆虫カタストロフィというものを伝えることができたことに満足した様子でした。つまり、「蚊を殺すことが人間の危機に繋がっている」ことを伝えられたことでA君は自分にできることを終えたのです。それだけでなく、「刺されると痒いから殺したい」というB君の意見、「自分たちだけ殺さなくなっても意味がない」というC君の意見を聞くことができ、「なるほどそういう考え方もあるな」と理解することができたのです。最初は「蚊は殺してはいけない」という「自我」を抱えていましたが、クラス会議でみんなの意見を聞くことで、折り合いをつけ、そういう考え方もあるよねという無我の境地に達することができたのです。

心理的安全性の高いクラス

（1）心理的安全性とは

心理的安全性とは、組織の中で自分の考えや気持ちを誰に対してでも安心して発言できる状態のことです。つまり教室の中で、誰に対しても安心して発言したり、罰せられたりする不安がない状態をいいます。最初に心理的安全性を提唱したハーバード大学のエドモンドソン教授によると、心理的安全性が高い組織ほど、誰でも自由に発言することができ、学ぶ機会が多くなります。それだけでなく生産性が高く、パフォーマンスも発揮しやすい状態になります。心理的安全性を高めることで、クラスにもたらされるものはとても大きいのです。また、教室や職員室が安全基地になっていると、チャレンジする子や、先生も育ちます。家で安心して休むことができ、心身ともにリラックスすることができることで、新しい挑戦をしたり、よい仕事に挑んだりすることができるように、教室や職員室も同じ状態になります。

自分が働いてきた職員室でも、みんながいつも笑顔で笑っている職場と、どこかぎこちなくギスギスしている職場がありました。どちらが高いパフォーマンスを発揮できたか言うまでもないでしょう。つまり、**安心・安全の中で人は最大限の力を発揮することができるのです。**

①教室の場合

授業中、失敗したときに失笑される教室の中で人は発言しようと思うでしょうか。笑いの中にもいくつか種類があり、冷めた笑いと盛り上がる笑いがあります。今回の場合は、冷たい失笑になります。跳び箱に挑戦し跳べなかったとき、ヤジが飛びます。算数で当てられて答えたとき、間違いがわかりみんなにヒソヒソ話をされます。自分が子どもとして教室にいると想定したとき、居心地が悪いなと感じられる教室。それらはすべて心理的安全性が保たれていないと言えます。

②職員室の場合

研究授業を終えた後の検討会。ねぎらいの言葉もなく、授業に対し非難轟々。注意や叱責の嵐になる教員集団。そんな中で、おもしろい授業を構想しようと誰が思うでしょうか。職員会議では、誰も話を聞いていないことや、誰かが新しい提案をすれば重箱のすみをつつくような意見ばかり出される。こんな職員室では誰もが働きたくないと言えるでしょう。要は、心理的安全性のない中では、人は挑戦しようとしないですし、自分のもっているパフォーマンスを百パーセント発揮することはできないのです。

（2）心理的安全性を高める教師

ではどうしたら教室の中の心理的安全性を高めていけるのでしょうか。教室の中でできるいくつかの考え方や方法を紹介します。

①失敗が許容されるクラス

前述の通り、失敗が責められる、人から強く指摘される状況の中で人は挑戦しようと思えません。何度失敗しても、許されたり、次もがんばろうと声かけをしてもらえたりする状況でこそ、挑戦しようと人は思えるのです。失敗から学ぶことはとても多く、そういう意味でも教室の中に失敗を許容する空気や雰囲気はとても大切なのです。トライ&エラーを繰り返して人は成長していくので、失敗が許容される教室というのは、子どもが成長しやすい環境と言えるのです。反対に失敗したことに対し、不寛容であり、みんなが集中放火を浴びせるようなところでは、本来の力は発揮できなくなります。心理的安全性を高めましょうという話をすると、それは「ゆるいクラス」をつくるということですか？　と質問されることがありますが、それはちがっています。**心理的安全性は、ゆるくてなんでも許されるという意味ではなく、関係が固定化されていない対等感のある中で、ちがうこと**

はちがうと忖度なしで言い合える関係を目指します。

②コミュニケーションが円滑になる

心理的安全性の高いクラスでは、やってはいけないことをお互いに注意することができるので、いじめや悪口、暴力・嫌がらせのリスクが格段に減ります。先生が厳しく統率をとっているクラスの方が、ビシッとしてみえるのでいじめが起こりにくいように感じられますが、先生の前でだけよい子であり、裏で隠れていじめをしていることがよくあります。これは、普段から厳しいだけの先生が、パワーでクラスを制圧しているために、子どもたちはストレスフルな状態になります。抱えたストレスを発散するところがあればよいですが、うまく発散できないことが多いのでいじめに繋がるのです。目の前の先生が、パワーで人をコントロールしているのを見ている子は、人をパワーでコントロールすることを学びます。

反対に、心理的安全性の高いクラスでは関係が固定化されないのでみんなが仲良しになります。もちろん高学年では多少のグループ化はみられますが、それでも他のグループの子と関わらないということは少なく、グループ同士の軋轢も非常に少ない状態になります。

③心理的安全性を高めるためにはまず決めること

まずは教室を安心・安全な場所にしようと決めることです。教師が決めることで変わることがたくさんあります。そして**子どもたちに「安心・安全な教室にすること」を宣言します**。もちろん宣言したからといって、いきなりすべてが変わるわけではありません。けれども、結果には必ず原因があるように、変えようと思って宣言して行動していくことで、1年後には必ず大きな変化を起こしていきます。玉子焼きをつくるためには、まずは玉子焼きをつくると決めて卵を手に入れるところから始めるのです。

④場の力を意識する

どんな場所にも力があり、トータルで100になるようになっています。教師が一方的にコントロールする教室では、90の力を教師がもち、10の力を子どもたちがもちます。ここを意識的に、子どもたちに譲っていくのです。今まで90の力でコントロールしていたものを、まずは40まで下げます。そうすると子どもたちは60の力をもちはじめます。これだけで最初の6倍の力を発揮することができるようになるのです。学級崩壊をしているクラスは、先生の力が5であり、子どもたちの力が95になっています。これは意図せずに子どもに力が渡ってしまっているので、制御不能になり学級がどんどん荒れていくのです。こうやって書くと、権力争いや力でコントロールするように感じられるかもしれませんが、決してそうではなく、**ゆるやかに子どもを見守りながら、徐々に子どものできることを増やしていけるようにするのです。**４月最初は教師が前面に立ちますが、少しずつ子どもがクラスを運営していけるように、一緒に育てていくのです。

⑤自己開示をする

先生が自分の家族のこと、小学生時代の話、教師になってからの失敗談などを子どもにしていきます。鏡の前で笑顔になると、鏡の中の自分が笑うように、まずは教師から自己開示をどんどんしていきます。先生が自己開示をすると、子どもも自己開示が始まります。たくさんの失敗談をすると、子どもや保護者からの信頼を失うのではないかと思っている先生もいますが、実はそうではありません。子どもたちは、「失敗してもいいんだ」ということを学んで安心するのです。先生でも失敗するのであれば、自分も失敗しても大丈夫と感じるのです。この安心感や大丈夫であるという気持ちが心理的安全性につながるのです。バッティングセンターで、来た球をすべて完璧に打ち返さなければいけないとなると、バットを振るのも嫌になります。それどころか、打席にすら入らなくなるかもしれません。失敗してもいいから思いっきり振ってごらんと言われるから、どんどん挑戦しようと思います。失敗談を話したり、自己開示をしたりするというのは、先生が思いっきり空振りしているところを見せることになります。「失敗しても大丈夫だから」というメッセージを子どもに伝えるためにも、自己開示をどんどんしていきましょう。

⑥激しく怒られるほど頭には残らない

いまだに教育現場では厳しい指導をするほど効果が高いという、なんの根拠もない言説を信じている人がいます。厳しく叱責をしたり注意をしたりすることで、子どもたちを心理的危険状態に不必要に追い込んでいることがあります。しかし、残念ながら恐怖で人をコントロールすると、危険を回避しようとはできますが、本当の意味で間違った行動を改めようとはしないのです。結果的に怒られるから止めておこうとか、叱られたくないから〇〇しようとする子が育ちます。つまり心理的安全性が保たれて、自分の力を思いっきり発揮するのではなく、**危険な状態を避けたいから嫌々行動する子になります。**

これを自分に置き換えて考えてみます。自分の行動モチベーションが、やってみたい！

とかおもしろそう！　というプラスのモチベーションであればエネルギーが高まります。反対に、これをしてはいけないとか、これは禁止であるという行動を制限するものである場合や、校長や教頭に叱られるからというネガティブなモチベーションであると、動き出すのは遅く、結果も伴わないことが多くなります。

⑦叱っている大人が心理的危険状態

職場によくキレる人はいませんか？　大人に対しても、子どもに対してもキレやすい人は、本人の心理的安全性が保たれていない場合が多いのです。けれども、感情的になってしまう人は、**何度も同じ失敗をしているはずなのに、何度も同じ後悔をします。**ついムキになって大声を出した後、子どもたちの怯えた顔を見て反省をします。けれども何度反省をしても、根本的な解決には繋がりません。では、なぜキレてしまうのでしょう。理由はいろいろありますが、一番は、**怒って伝えるという方法しか知らない**というものです。自分が小さいころ、怒って言うことを聞かされてきた人は、その方法が正しいと思い込んでいる場合があります。もしかすると、正しくないし間違っているとさえ思っているのに、つい怒って伝えるという方法を使ってしまうのです。ではどうすれば、キレやすい人がキレなくなるでしょうか。たとえば次のアプローチがあります。

1. ストレスをストレスとして感じにくくなるように考え方を改める
◯子どもは大人の言うことを聞くべきだ→子どもの主体性を尊重すべきだ
◯恐怖で圧倒しないと意見が通らない→平和的に意見を通す方法があるはずだ
◯子どもを引っ張るのが大人の役目だ→子どもの成長を見守るのが大人の役目だ

2. 子どもと向き合うとき「以外」の場面でのストレス要因を減らす
◯家族・夫婦関係を改善する
◯睡眠をしっかり取る
◯定期的にストレス発散をする（趣味の時間を設ける）

3. 自分がキレやすいパターンを自覚しておき、先手が打てるなら打つ
◯キレる前に部屋を出る
◯頭に血が上ったら、あえて無関係のことに意識を向ける

◯理想的な対応の仕方を普段からイメージトレーニングしておく

自分で取り組める方法からやってみてください。インプットを変えるとアウトプットが変わるように、一つ変えると結果が大きく変わります。

(3) 顕在能力と潜在能力

人はもっている力の5パーセントしか使っていないということをご存知ですか？　残りの95パーセントは眠らせたままになっているのです。その5パーセントを顕在能力、残りの95パーセントを潜在能力と言います。すごい力を発揮している人たちは、この潜在能力を使う方法を知っているのです。野球のイチロー・大谷翔平選手。サッカーの久保建英・三苫薫選手などの超一流プレイヤーと言われる人たちは、潜在能力を使う方法に早くから気づき、立派な成績やパフォーマンスを発揮しているのです。この**潜在能力にアクセスする鍵が、心理的安全性と言われています。**心理的安全がないと、2つの能力の間に壁をつくってしまい、顕在能力だけでやろうとしてしまいます。反対に心理的安全性が担保されていれば、潜在能力にアクセスすることができ、見えている力の20倍もの力を発揮することができるようになるのです。これもまたどうやってアクセスするのかというと、まずは**潜在能力が眠っていると信じること**です。自分にはそんな力がないと思っている人には決して出会うことはできません。この力は必ず誰にでも備わっているのです。

（4）マインドフルネスを朝の会で

毎朝、1分の瞑想を朝の会で行います。たった1分ですが、1年間続けることで驚くべき変化が現れます。心が落ち着く・頭のゴミがなくなる・ストレスが軽減する、など効果が非常に高いです。**わずか1分で行えるので、ぜひいろんなクラスで取り入れてほしい実践です。**

なぜ瞑想をやろうと思ったのか。それは公立小学校の最後に勤めた学校の経験からです。そこの学校は外国籍の子が7割在籍している学校でした。とても素直で可愛い子たちですが、自分の心に素直すぎて、たくさんの問題を起こします。ほしいと思ったら通学途中の家のベランダにあったカブトムシを盗んでしまったり、文房具やお菓子などをお店から持ってきてしまったりすることもありました。友だちに暴力をふるってしまったり、先生に暴言を吐いたりすることもよくありました。なんとかしてこういった問題を減らせないかと悩んだ末に、行き着いた方法が瞑想だったのです。

　この子たちを担任した当初は、毎日起こる問題の数々に頭を悩ませ、相当しんどい思いをしました。けれども、絶対にこの子たちはよくなると信じて、いろんな人に相談しました。先生だけでなく、カウンセラーの方や美容師さん、コーチングの先生など、いろんな方に相談したところ、YouTubeに、ブラジルのとても荒れた学校が瞑想によって改善していく様子が上がっていると教えてもらいました。早速その学校の様子を見て、瞑想を学びました。瞑想の講座に通ったり、マインドフルネスに関する本を何冊も読んだりしました。GoogleやAppleでは会社の中に瞑想ルームがあって、企業全体で取り組んでいること、もともと日本が発祥のものであること、誰でも気軽に取り組めて、すぐに効果が出ることなどがわかりました。

　そこから朝の会で1分だけ取り組むようにしました。最初は机を叩いたり、いやだ！と言わんばかりに立ち歩いたりする子もたくさんいました。その姿を見てイライラすることもありましたが、まずは自分の心を整えようと思い、その中でもしっかりやってくれている子に注目するようにしました。他の子に迷惑かけている子には軽く注意しましたが、基本は流すようにしました。そして諦めず毎日1分だけ、手を膝に置き、背筋を伸ばし、足の裏を床につける。この3つだけを伝えて毎日繰り返してみました。すると徐々に深い呼吸に入り、頭がスッキリするので最初は嫌がっていた子たちも自然とやるようになりました。冬休み明けからは、1分間誰も話さず、落ち着いて瞑想をできるようになりました。そうすると不思議なことに、問題行動が激減したのです。子どもたちと一緒に瞑想するのと同時に、自分でも寝る前や起きた後に毎日1分瞑想を続けてみてください。自分の中のストレスが激減するのを感じられるでしょう。今はYouTubeやアプリで瞑想用の音楽ややり方をレクチャーするものがあったり、ろうそくやアロマを使ったりして行うと深い集中に入れます。瞑想用のお茶などもあります。いろいろなものを試してみて、自分に合った方法を見つけてみてください。

(5) まずは自分を整える

みなさんは何をしているときに、気持ちが整いますか？　反対に心がざわつくときはどんなときでしょうか？　まずはそれを観察してみましょう。心が整うというと難しいかもしれませんが、お風呂に入って「ふぅー」とゆるむ瞬間や、川に行って「ぼーっ」と流れを見るとき、好きな音楽を聴きながらお気に入りのコーヒーを飲んでいるときなど、心が喜んでいるなとか、スッキリするなという瞬間があると思います。まずはそれをたくさん知っておくこと、できれば毎日の生活の中で意識的に時間をとって、自分を整えるという感覚をもってみましょう。自分が整っていないと、子どもも荒れます。**ここには相関関係が必ずあります。**

反対に心がざわつくときはどんなときでしょうか？　子どもとうまく関係が築けないとき、保護者からクレームをもらったとき、管理職の理解を得られないとき、パートナーとギクシャクするとき、などいろいろな場面が思い浮かぶことでしょう。そしてそれをどう乗り越えてきたのかをふりかえってみましょう。先輩に相談したり、友だちと遊びに行ったり、大好きなケーキを食べたり、お笑いの動画を観たりなど、自分なりの乗り越える方法をいくつかもっていると思います。それを心が落ち着いているときにたくさん書き出しておくのです。それ以外にも、仲間や職場の人たちに乗り越える方法を聞いておき、自分が今までやったことのなかった方法も手に入れておきましょう。たとえば、バンジージャンプを飛ぶとか、美術館に行くとか、まったく自分とはちがう方法で乗り越えている人もいるでしょう。それを**たくさん知っておくことが、自分を整える近道であり、ざわついた心をリセットできる手段なのです。**

（6）人を尊重する

何を当たり前のことをと思うかもしれませんが、人間関係を壊してしまう人に多いのが、人を人として尊重するのではなく、モノとして扱う人です。そんな酷い人はいないと思うかもしれませんが、結果しか見なかったり、役割を与えるだけでフォローをしなかったり、私情を挟まずドライに付き合ったり、人として付き合うのではなく、役割や機能を求める人はいませんか？　機能を求めるというと物凄く酷いことのように感じるかもしれませんが、「担任なんだからこれぐらいやるのは当たり前だ」とか、「何年目なんだからこれぐらいやってもらわないと困る」といったように、**その人を見ずに、経験や立場でしかものを話さない人のことを、「機能を求める」と言います。**まるで人を機械のように考え、扱い接すると当然のことながら、扱われた人はよいパフォーマンスが出せません。

ではどうしたらよいのでしょうか。それは、感謝と敬意をもって接する、目標や目的を共有する、家族のように接するということです。学校現場はわりと、この側面が強く、会社などに比べるとビジネスライクの付き合いというよりは、人間らしい触れ合いや、少し込み入った話がしやすい環境であるといえます。けれども、昨今のパワハラ・セクハラに気をつけようというムーブメントや、働き方改革の中で、人と人が接する境目が非常に難しくなっています（決してパワハラやセクハラを肯定する意図や、働き方改革に反対する意図はまったくありません）。今まででれば、家族の話をしたり、業務後に残って雑談したりすることでカバーできていた部分が、なかなか踏み込みにくくなっています。そうなると、どうしてもドライな関係や仕事上だけの付き合いになってしまい、「人と人」というよりは、役割や機能が求められるようになってしまいます。そうなると**組織として弱体化していきます**。役割だけを果たすのであれば、ロボットの方が何倍も優秀です。けれども人にしかできない感情に寄り添うことや、相手のことを想像する力も教師は非常に大切になります。もちろん先生に対してだけではなく、子どもに対しても同じように尊重していきましょう。先生が子どもに対して尊重しているのを見るから、子どもは同じように学んでいくのです。

（7）曖昧さを許容する

先生という仕事をしていると、どうしても白黒はっきりつけたくなる場面が多いです。子ども同士のけんかも、どちらが先に手を出したのかをはっきりさせたくなったり、何回手を出したのかを明確にしたりしたくなります。もちろんそうすることで、後々の保護者へ説明する際に、はっきり伝えることができるというメリットもあります。けれども、総じて子どもたちの記憶はあいまいなことが多いです。やられた自分の側からしか見えていないので、自分より相手のほうが悪いと感じていることが多いです。第三者が見ていればいいですが、2人きりの場合は、なかなか両者の言い分が一致することはありません。お互いの言い分を記録しつつも、どちらが何回手を出したかを一致させる必要がないときのほうが多いです（大きなケガや物を壊したときにはこの限りではないですが）。曖昧であることもたまには必要になります。きちんと使い分けをして、今回は**曖昧であることをOKにすることが安心感につながる場合もある**のです。

○犯人探しをしない

教室の中でAちゃんの消しゴムがなくなりました。見つけなければいけません。これをみんなに呼びかけて筆箱の中を探します。Bちゃんの筆箱にあることをCちゃんが見つけました。これは教室の中でよくある光景です。この中に問題点がたくさんありますがわかりますか？

・消しゴムがなくなったこと

・Bちゃんの筆箱から出てきたこと
・CちゃんがBちゃんを疑って探したこと
・その状況がクラス全体に伝わっていること

もちろんなくなった消しゴムは見つけた方がよいです。消しゴムがなくなるという状況はよいわけではありません。けれども犯人を探して、その子を責める状況はよくありません。Bちゃんが借りたことを忘れて筆箱にしまったのか、本当にとろうと思ったのか、もしくは第三者が関わって、Bちゃんの筆箱に消しゴムを入れたのか事実はわかりません。その状態のときに、全体の前でBちゃんがとったと思わせる状況を公開することが、1番の問題です。まずはAちゃんの消しゴムを見つけること、それが大切になります。**犯人探しをせずに、問題を解決するのにはどうしたらよいのかを考えるのです。**

○上履きがなくなった

以前私の担任したクラスで、子どもの上履きがなくなる事件がありました。図書室に入る前に靴を履き替える学校で、クラス全員で図書室に行き、さあ帰ろうとなったときに、K君の上履きがなくなりました。これまでの教師経験から90パーセントの確率で私のクラスの誰かが隠したと思われます。「困ったなぁ」と思いながら、みんなに協力を仰ぎました。「K君の上履きがなくなりました。K君も先生も困っているのでみんなで靴を探してほしい。もし見つけたら、K君も先生もとてもうれしい」と伝えて10分間待っていました。みんなはバラバラに、思い当たる場所を探し始めました。すると、S君が「あった!!」と言って持ってきました。私も心からの「ありがとう」を伝えました。もしかしたらS君が隠したかもしれないなと思いながらも、持ってきてくれたことに心からの感謝を伝えました。その後、上履きがなくなる事件はぴたりとなくなりました。S君を問いただすことや、周りで見ていた子がいないか聞くこともできましたが、あえてそれはしませんでした。S君を犯人にすることは目的ではなく、今後クラスで同じ問題が起きないようにすることが目的であり、目標だったのです。ですから、S君を問いただすのではなく、上履きをもってきた時点でOKにしたのです。

この方法がベストではないかもしれません。もしかしたら、もっとこんな方法がある！とかこうするべきだ！　というやり方・考え方もあると思います。けれども、S君はその後落ち着くことができました。上履きを隠す行為もなくなりました。隠されたK君も安心して教室で過ごすことができました。そういう意味でも、かなり効果のあった対処法だった思います。近くにいた補助員さんも子どもたちが自分たちでなくなった上履きを探して見つける姿を見て感動していました。

（8）先生が率先してバカになる

バカの語源はサンスクリット語で「摩訶」（大きいこと・すぐれていること）です。バカになることで、究極のリラックス状態をつくり出します。リラックス状態をつくり出すと、「こうあらねばならない」とか「こうするべき」といった囚われや執着を手放すことができ、潜在能力を発揮することができるようになります。先生になったばかりのころ、とにかく学ぼうといろいろな講座に出ました。日本のトップランナーと言われる方たちに共通して言えることとは、**とにかく「自然体」であるということ**でした。つまりバカになるとは、頭を悪くするという意味ではなく、**さまざまな執着や偏見を手放して素直になるということ**です。「こうあるべき」や「こうするべき」というのは頭で考えています。頭で考えていると、潜在能力にアクセスしにくくなります。顕在能力と潜在能力の間に壁がある状態です。そうではなく、究極のリラックス状態であるバカの状態を教室でも発揮することで、子どもたちも伸び伸びと自然体で力を発揮することができるようになるのです。

先生という職業柄、どうしてもできていない所に目が行きがちです。特に若いころは、ベテランの先生に囲まれて、授業も面白くない、子どもたちと関係も築けない、保護者からも信頼されていない、職員室の先生たちからも大丈夫かと心配されるなど、落ち込む要素が満載です（これは私の場合だけかもしれないですが…）。だからこそ、若さ全開、全力で子どもと遊ぶとか、常識では考えられない発想法で面白い授業を思いつくなど、他にはない武器をたくさんもっています。そしてわからないことを「わからないです」「助けてください」と言える素直さも大きな武器です。変に知ったかぶりをしたり、わかるフリ、できるフリをしたりする必要はないのです。知識や経験は少ないかもしれないですが、自分という人間で子どもたちと向き合います。**学ぶことや歩みを止めず、どんどんバカになりながら潜在能力を解放していきましょう。**

（9）ラーニングゾーンを目指す

4月にクラスが始まって、最初は子ども同士お互いに無関心な状態から。ペアワークやアイスブレイク、協同学習などを繰り返すことで、共感を育みデザインしていきます。友だちが困っていたら手を差し伸べる関係を築き、クラスの居心地をよくしていきます。この状態を「コンフォートゾーン」と言います。まずは、これを目指したうえで、次に目指すところは「ラーニングゾーン」です。ラーニングゾーンは、クラスの子どもたちがそれぞれに目標に向けて考えて動き出すことができる状態です。問題が起きても、落ち込むのではなく、みんなでどうしたらそれを乗り越えていけるかを考えていけます。学習に対し、できない子がいれば、できる子がサポート役に回り、みんなができるようにしていく状態です。こうなると、先生がある程度不在でも、クラスが回るようになり、自分たちだけで動いていけます。

お楽しみ会などのクラスのイベントから、学芸会・運動会などの大きめなイベントでも、先生がすべて段取りするのではなく、ポイントを2、3説明するだけで、どんどん自分たちで計画することができます。小学校の教員として最後に担任した2年生の子たちは、ハロウィンパーティーをやりたい。けれどもコロナでみんなが集まることができないがどうしようとなり、相談の結果オンラインで開催することになりました。「先生やってもいいですか?」と中心になった奏太くんが聞いてきたので、「もちろんいいですよ」と許可をしました。その後、私のしたことは、オンライン上にみんなが集まるためのGooglemeetsのアドレスを発行しただけです。あとはすべて自分たちで計画・告知・準備・運営をしてとても楽しそうに過ごしていました。圧巻だったのは、午前中だけだと参加できない子がいるのでと言って、午前・午後の二部制にしたり、「kahoot!」というサイトのクイズをそれぞれに準備したりして、クイズ大会を楽しんでいました。まさにクラスがラーニングゾーンにいることを感じた瞬間でした。これらも**心理的安全性のなせる技**です。ここなら自分の思いを表現できるとか、感じていることを受けとめてもらえると感じた子どもたちは、どんどん動き出し自らラーニングゾーンに入っていくのです。

勇気づけのクラス

ジェーン・ネルソン著『クラス会議で子どもが変わる』より

(1) 罰で人は変わらない

罰を与える人はいくつもの間違った前提に基づいていることが多いです。

1. 子どもによい行動を「させる」ためには、まず子どもに不快な感情を感じさ

せなければならない

2．子どもが自分のしたことから「学ぶ」ことよりも、自分のしたことの「償いをさせる」ことが重要である

3．子どもは、コントロールと脅しによってよりよく学ぶものであり、自分のした選択の結果をよく考えたり、結果を引き受けたりすることによっては学ぶことはできない

これらはすべて間違った前提に基づいた考え方です。

罰として一般的に行われているものとしては次のようなものがあります。

- 大声で叱責する
- 保護者へ連絡をする
- みんなの前で恥をかかせる
- 黒板に子どもの名前を書く
- 放課後に居残りをさせる

・休み時間をなくすことで償いをさせる

大部分の教師は、罰を与えるときによかれと思ってやってしまいます。子どもたちによりよい行動を身につけるために、罰は最もよい方法だと信じているのです。私自身も若いころはそうだったように、罰によってしばらくは子どもの行動が改善したように見えるので、教師たちは罰を与えるのは正しいと感じてしまうことがあります。

罰をいつまでも続けていると、反抗か服従のどちらかを生みます。服従はよいことだと思えるかもしれませんが、その代償が低い自尊心、信頼の低下になります。罰をもとに服従した子どもは、外発的動機付けによって動かされるのです。**クラス会議を開くと、最初は子どもたちから出されるほとんどの解決策の多くが罰によるものになります。**子どもたちは今までたくさん罰によってコントロールされることに慣れ、それが当たり前になっているからです。私たち自身も多くの罰によってコントロールされてきたので、そうであることにすら気づいてない場合もあります。罰を与えても子どもは成長しません。他者に判断を委ね、自分には価値がないと思い込み、周りの意見に従うだけの子どもを育てているのです。みなさんの育てたい子どもはどんな子どもでしょうか。子どもたちにどんな力をつけたいと思っていますか。

（2）ケアリング（気持ちを寄せていることを行動で伝える）

①声のトーンに気をつける

多くの先生たちは、自分たちの声のトーンが子どもたちに与える影響について気づいていません。同じことを伝えているつもりでも、声のトーンによって受け取るものはまったくちがいます。どうしても子どもと関係が築けないと悩んでいた先生の教室を見に行ったときに、理由がはっきりとわかったことがありました。それは、声のトーンから子どもたちのことを信頼していないことがありありと伝わっていたのです。後からその先生に尋ねたのですが、一度学級崩壊をしたことがトラウマになっており、ついコントロールするような口調になってしまうとのことでした。声のトーンを意識して使うことを伝えました。具体的に言うと、「ファ」や「ソ」の音で話すこと。注意をするときには、低い音で丁寧に伝えることを言いました。すると少しだけ子どもたちの表情に笑顔が戻りました。小学校では同じ先生が1日の間ずっと授業をするので、毎時間、「あなたたちのことを信頼していません」というメッセージを発し続けていたらどうなるかすぐにわかると思います。

これもヒドゥンカリキュラムになります。せっかく1日中一緒にいるのであれば、どんなメッセージを伝えればうまくいくのかははっきりしています。

②子どもたちの声に真剣に耳を傾け受け取ること

6年生を担任しているとき、どうしてもうまく関係を築けない女の子がいました。卒業式の前日、その女の子は、私が毎日「嫌いな給食でも必ず一口は食べよう」という言葉が本当に嫌だったと伝えてきました。きっと彼女は毎日、「つらい」というメッセージを発し続けていたのに、私には受け取ることができていなかったのです。卒業式の日に謝罪の手紙を渡してお別れをしたのですが、結局仲違いをしたまま終わってしまいました。そのときの自分は「ケアリング」というやり方は知りませんでしたし、給食を食べられるようになることが、その子にとっての成長につながると信じて疑わなかったのです。今では後悔しかないことは言うまでもありません。本当の意味で耳を傾けること、心を寄せて話を受け取ることができていれば、このようなひどい結果を生み出すことはありませんでした。けれどもその彼女のおかげで、私は学ぶことを決意しましたし、今こうやって本の執筆をすることができています。

③ユーモアのセンスをもつこと

教師は真面目であろうとか、少しでも立派に見せようとしがちです。私も若いころ挑戦しましたが、キャラに合わないので、当然子どもたちの心に響きません。そしてすぐに諦めました。子どもから信頼されている先生の多くはユーモアのセンスがあります。その方法はいくつもありますが、子どもを笑わせることでケアリングのメッセージを伝えます。教師がボケる、子どもにボケてもらう、絵本で笑わせる、腹話術のように人形を使って面白いことをする、みんなが笑えるワークやゲームを取り入れる、など自分がしっくりくる方法で笑わせてみましょう。笑いのある教室には安心感があります。逆にみんながビクビクしているところに笑いは生まれません。**ケアリングの方法として笑いを使うというのは実はとても近道なのです。**

④子どもの学校以外に関する興味を尊重すること

子どもが学校で過ごしている以外の時間に何をやっているのか知っていますか？　サッカー、水泳、体操などの習い事や、レゴブロックやプログラミングを学んでいる子もいます。それだけでなく、動物園や水族館に足繁く通っている子、電車やバスといった乗り物が趣味で休みのたびに乗っている子などもいます。その子の興味を尊重していますか？その子に合わせて興味を一緒にもっていますか。私も「マインクラフト」や「フォートナイト」というゲームが流行したとき、一緒になってやってみました。ぐるぐる目が回ってしまい何度もやることはできませんでしたが、「先生一緒にやろう！」と言って、フレンド招待コードを送ってくれる子もいました。自分が興味をもっているものを先生も知りたいと思っていることがうれしかったのでしょう。

尊敬は尊敬を呼び込みます。尊敬の欠如は尊敬の欠如を呼びます。教室の中がどちらの行動で溢れているのかを見れば、教師自身の行動についてふりかえることができます。教師が尊敬の念を欠いた行為をたくさんしているクラスでは、子ども同士に尊敬の念を欠いた行動がたくさん見られます。

⑤ルールはともにつくること

教室の中にルールを掲示する先生がいます。これがお飾りになってしまうか、1年間有効なものになるかのちがいは、決定の仕方にちがいがあります。学級開きの後、子どもがルールを守ろうとするためには、先生がルールを決めるのではなく、子どもたち自身がルールを決めなければお飾りになってしまいます。教師のつくったルールは、子どもにとっては従うか従わないかの2択になります。子どもが意思決定に参画することで、自分が大切にされていることを知り、ルールに協力しようとする姿勢が生まれます。もちろんすべて完璧には守れないかもしれませんが、少なくとも教師だけで決めたルールよりも遥かに効力をもちます。ルールの決定のプロセスに参加することで、教室が自分たちでつくり上げていく場所だと知ることができるのです。このプロセスを経ることで、教師が子どもをコントロールする存在から、**相互尊敬の存在へと変化を遂げる**のです。

(3) ちがいを認めること

クラスの中で「偏愛を語るワーク」をしたことがあります。自分の思い入れの強いものを3択クイズにして、どれが本当に好きなものなのかを出題するのです。奏太くんは、自分の大好きな生き物についてのクイズをつくりました。

(問) 僕の大好きな生き物はどれでしょう

①スパイダーテイルドクサリヘビ

②サーカスティックフリンジヘッド
③トゲアリトゲナシトゲトゲ

というクイズをつくり、それぞれの生き物の特徴について悠然と語り始めました。聞いているみんなはまったくその生き物について知らないのですが、楽しそうに語っている様子に惹きつけられ、みんなすっかり聞き入っていました。私も見たこともなく聞いたこともない生き物ばかりでしたが、とてもワクワクして話を聞いていました。**自分の好きなものを認めてもらったり、人に知ってもらったりするときに個性は輝きます。**クラス全体でそれを共有するだけで、私はクラスのみんなから大切にされていると感じることができるのです。

あとがき

「教師という仕事」

約15年前に夢や希望を抱き、金融系の企業を退職し、通信制大学で教員免許を取りました。夢だった教員になり、毎年30人の子どもたちとクラスをつくってきました。約500人が教え子になり、それ以外にも部活道やさまざまな活動で出会った子どもたちも合わせると、きっと1000人を超える子どもたちと出会ってきました。教師になって最初のころは、やればやるほど空回りをして、無駄にエネルギーをたくさん使っていました。子どものためと思ってやることがすべて裏目に出て、保護者や管理職からたくさん叱られました。最初に赴任した学校の校長先生に対し、「なんで何も教えてくれないのに注意だけするのだ！」と子どもみたいな訴えを泣きながらしたこともあります。気球を校庭で飛ばそうと勝手に企画して、大反対に合い（根回しができていない自分の至らなさ故ですが）、管理職と校長室で激しくぶつかったこともあります。とはいえ、たくさんの子どもたちに毎日囲まれ、「先生！」と自分の周りに集まってくれる。こんな幸せな仕事が他にあるでしょうか。

自分なりに15年苦労してつかんできたもの、つかみきれなかったもの。たくさんの子どもや保護者のおかげで今の自分があると思います。理論が破綻しているもの、意味が伝わらない文章もあったかもしれません。けれども、この本を通じて、一人でも先生が救われたり、先生という仕事が楽しくなったと言ってもらえるなら、こんなにうれしいことはありません。２０２２年の3月に15年経験した小学校教員の職を一旦終えました。現在は教員を目指す大学生１００人に講義をしています。この子たちが現場に立ったときに、少しでもこの仕事が楽しいなとか、幸せだなと思える環境になっていてくれるようにと願いを込めて書きました。

日本では毎年約３０００人の自殺者が出ていると言われています。統計には出てこないですが、自死として扱われていないだけで、実数はもっと多いと言われています。本当は豊かで幸せな国のはずなのに、なぜこんなにもみんなが苦しんでいるのでしょうか。一人ひとりが幸せを感じる力が少しだけ上がることで、自殺者は減らせると思います。「困っているときに困っているよ！」と言える子どもたちになっていくことが、私にできるアプローチ方法だと考えています。3年前に出した「対話でみんながまとまる！　たいち先生のクラス会議」（学陽書房）では、教室の中でできる繋がり力の高め方や、ヘルプの出し方を伝えました。今回は、先生たちのマインドが少しでも変わると、教室の見え方が変わり、自分の人生が好転していくことを伝えました。給特法、仕事量、仕組みや雇用方法などおかしいと思うところはたくさんあります。けれども、変わらないことを嘆くよりも、変えられる所から変えていく。これが一番早く変化が訪れます。そこが、先生たちのマインドではないでしょうか。今までの固定概念や思い込みをアンラーンすることで、もっと軽やかに人生に変化をもたらすことができるようになります。偉そうなことを書きましたが、私自身もまだまだ変化の途中です。数年後にまったくちがうことを言っているかもしれません。けれどもそれでいいと思っています。変化できるから人生は楽しいのであり、自分の人生は自分で操縦していくのです。

先日、鹿児島の知覧特攻平和会館へ行くことができました。本州最南端の飛行場跡地があり、沖縄戦の際に、17、8歳の若い兵士たちが特攻隊として飛び立った場所です。そこには、家族に宛てたたくさんの遺書が残されており、家族への感謝や国のために死んでいくことの誇り。残された兄弟たちをよろしく頼むといった志がたくさん書き残されていました。それを見ながら、自分はこの若者たちに恥ずかしくない生き方ができているか、自問自答しました。背筋が伸び、もっと時間を大切に、もっとこの命を大切に使わなければと、若い兵士たちの想いが骨の髄まで染み込みました。国のために死ぬことをよしとは思いません。けれども、この子たちはそうするしか選択はなく、自分の人生の選択はできない状況だったのです。そう考えると、自分にはどんなことでもできると思えました。愛する家族と笑顔でご飯を食べることができ、今日も我が子のかわいい寝顔を見ることができます。きれいな家に住み、自分のやりたいことをやれる時間がいくらでもあります。仕事の悩みや人生の悩みも、きっと知覧の若者の苦悩と比べると本当にちっぽけに感じます。だったらやるしかない！　自分の残りの人生をとことんやってみようと思うことができました。人からどう思われるかとか、評価とか、お金とか関係なく、自分の人生はこれをやりきったと言えるものが残せるように。今回の本がそんな作品になるよう魂を込めて書きました。この本を読んで感じたことを、みなさんがそれぞれのフィールドで表現していただけると本当にうれしいです。すべては日本を幸せ大国にするためのアクションだと自分は思っています。みんなが笑顔で暮らせる国、日本。世界のモデルとなれるように、教育から国づくりを一緒にしていきましょう。

政治家や国、教育委員会や管理職に文句を言うのではなく、自分ができるワンアクションで変えていきましょう。みなさんの蒔いたタネが花開いたとき、きっと今よりも素晴らしい日本になっていると思います。そのとき、それをつまみに一緒にお酒を飲みましょう。

深見太一

（参考文献）

○自律する子の育て方　工藤勇一・青砥瑞人　SB新書2021年
○幸せのメカニズム　実践・幸福学入門　前野隆司　講談社現代新書　2013年
○具体と抽象　細谷功　dZERO　2014年
○世界のエリートがやっている最高の休息法　久賀谷亮　ダイヤモンド社　2016年
○リフレーミングの秘訣　東豊　日本評論社　2013年
○家庭、学校、職場で生かせる！自分と相手の非認知能力を伸ばすコツ　中山芳一　東京書籍　2020年
○宇宙の根っこにつながる瞑想法　天外伺朗　飛鳥新社　2005年
○「原因」と「結果」の法則　ジェームズ・アレン　サンマーク出版　2003年
○ヒドゥンカリキュラム入門　学級崩壊を防ぐ見えない教育力　多賀一郎　明治図書　2014年
○先生のためのアドラー心理学　勇気づけの学級づくり　赤坂真二　ほんの森出版　2010年
○心理的安全性の築き方　見るだけノート　山浦一保　宝島社　2022年

○才能スイッチ　三浦将　クロスメディア・パブリッシング　2017年
○見えないチカラを味方につけるコツ　山崎拓己　サンクチュアリ出版　2014年
○幸せ成功力を日増しに高めるEQノート　野口嘉則　日本実業出版社　2006年
○クラス会議でこどもが変わる　アドラー心理学でポジティブ学級づくり　ジェーン・ネルセン　コスモス・ライブラリ　2000年
○子どもが伸びる待ち上手な親の習慣　庄子寛之　青春出版社　2022年
○アンラーン　人生100年時代の新しい「学び」　柳川範之・為末大　日経BP　2022年

プロフィール

深見太一

1981年生まれ。愛知教育大学非常勤講師。愛知県公立小学校勤務13年。私立瀬戸SOLAN小学校立ち上げ。3児の父。クラス会議講師として、全国各地で講座を開催。子どもが主体的になるクラス会議を広めるため、TwitterやInstagram、YouTubeでは、たいち先生として実践を発信し続けている。個人HP「0→1」（ぜろいち）ブログでも先生が前向きになれる考え方を配信。企業向けのプログラムアドラー会議もスタート。公式LINEに登録すると5日間でマインドが変わる方法が届きます。

Twitter

Instagram

Youtube

HP

公式LINE

アンラーンのすすめ

2023（令和5）年2月24日　初版第1刷発行

著　　　者：深見太一
発　行　者：錦織圭之介
発　行　所：株式会社　東洋館出版社
〒101-0054　東京都千代田区神田錦町 2-9-1
コンフォール安田ビル２階
代表　　TEL：03-6778-4343　FAX：03-5281-8091
営業部　TEL：03-6778-7278　FAX：03-5281-8092
振替　00180-7-96823
URL　https://www.toyokan.co.jp

装丁デザイン：中濱健治
本文デザイン：株式会社ダイヤモンド・グラフィック社
組版・印刷・製本：株式会社ダイヤモンド・グラフィック社

ISBN978-4-491-05146-8

Printed in Japan